歷史迴廊
004

躍動的女性身影

近代中國女子的運動圖像

游鑑明著

自序

一九九五年，完成博士論文之後，我決定以「近代中國女子體育史」做爲新的研究計畫，這十三年來，陸續發表五篇相關論文，也著手專書的撰寫[1]。在國內、外蒐集資料的期間，我發現除了文字資料之外，還有豐富的女子運動圖像資料，雖然在第一篇與女子體育有關的論文《近代中國女子體育觀初探》中，我以《教育雜誌》上的兩張照片爲引子，但沒有放入照片，這以後發表的論文也很少引用圖像資料。我之所以沒有在論文中大量引用圖像，是因爲論文所涉及的議題，與圖像關係不大，再加上一般論文不可能刊載太多的圖像。

事實上，這些分散在不同的書籍、報刊或畫報裡的女子運動圖像資料，得來不易，近兩年來，我開始請助理進行圖像的翻拍工作，希望能集結成書，爲女子運動圖像留下歷史紀錄。由於年代久遠，不是每一張照片或漫畫都清晰可辨，翻拍之前，我們先做了挑選，翻拍之後，又發現不少圖像重覆，於是再次挑選，選出較清楚、具有代表性的圖像，做爲本書的主軸。

這本書能順利出版，必須特別感謝我的助理、輔仁大學歷史研究所碩士生林效全先生，因爲翻拍圖像或修改翻拍圖像需要技術和耐性，這兩年來，效全沒有怨尤的幫我完成心願。此外，也致上對主編歐陽瑩小姐的感激，因爲這本書是我正在撰寫的專書的副產品，在蠟燭兩頭燒下，我一度意興闌珊，若不是她不斷的鼓勵，這本書早已半途而廢。

【1】這五篇論文分別是〈近代中國女子體育觀初探〉，《新史學》，卷七期四（一九九六年十二月），頁一一九—一五八；〈近代華東地區的女球員：以報刊雜誌為主的討論〉，《中央研究院近代史研究所集刊》，期三十二（一九九九年十二月），頁五十七—一二二；〈日治時期臺灣學校女子體育的發展〉，《中央研究院近代史研究所集刊》，期三十三（二〇〇〇年六月），頁一—七十五；〈近代中國女子健美的論述（一九二〇年代—一九四〇年代）〉，游鑑明主編，《無聲之聲（II）：近代中國的婦女與社會（1600-1950）》，臺北：中央研究院近代史研究所，二〇〇三年，頁一四一—一七二；"Female Physical Education and the Media in Modern China", Mechthild Leutner and Nicola Spakowski eds., *Women in China.The Republican Period in Historical Perspective*, Berlin：LIT Verlag Münster Press, 2005, pp.482-506.

目次

第一章 導言

台灣的紀政、陳怡安、陳詩欣、中國大陸的周繼紅、陳靜、高敏、鄧亞萍、伏明霞、王楠、郭晶晶，分別是一九六〇、一九八〇、一九九〇年代和二十一世紀奧運會上的明星選手，她們飛躍在運動場的各種姿儀，曾透過報刊媒體、電視機傳遍全世界，深印在許多人的記憶中[1]。但很少人知道中國女性在甚麼時候開始接受近代體育的訓練？最先接受訓練的是哪些人？爲甚麼要她們運動？中國女性運動的目的何在？女子體育的內容又是甚麼？還有，中國女性最早公開運動是在哪裡？她們是以何種身分出場？展現的是哪一類運動？甚麼時候中國女性才有機會出席運動競賽？她們參加哪些類型的運動會？競賽的項目是否和現在一樣？在這些運動會中，是否出現過女運動明星？

其實，這一連串問題在當時留下的運動史料中，都可以找到答案，因爲自從西方近代女子體育傳入中國之後，有關這方面的議論或報導十分豐富，特別是女性出現在各種運動場合，她們的舉手投足，一直備受各界矚目，報刊媒體更不曾錯失相關報導，爭相以第一手的女子體育新聞和照片，提供給社會大眾。在還沒有電視的時代，早、晚報成爲最迅速、最直接傳達體育消息的媒介，其中與運動會有關的照片，讓無法出席會場的觀眾，也有臨場感覺。

因此，和許多歷史史料不同的是，體育活動或體育人物所留下的史料，不僅有文字記載，還有大量的運動圖像資料，當下的我們在爬疏這批圖文史料時，可以同當時的讀者一樣，跟著進入運動場景。更重要的是，如果要回答上面的問題，我們不只是可以引用文字史料，還可以運用圖像資料。

過去除了考古、美術、建築學家透過視覺資料從事研究之外，一般歷史學者很少注意圖像資料。近年來，受新社會史和新文化史的影響，國內外的女性史、日常生活史、電影史、娛樂史、消費史或底層民眾史等新興研究，基於檔案文獻資料，不能充分提供必要的史料，開始朝向期刊報紙、日記、書信、傳記、口述歷史、回憶錄、小說、宣傳單、廣告、校刊、族譜或契約等挖掘史料，甚至非文字資料也備受重視，從器物、圖畫、照片、郵票到明

【1】台灣的紀政是一九六八年女子八十公尺奧運跨欄銅牌選手、也是中日戰後第一位獲得奧運獎牌的女運動員；陳怡安曾獲女子跆拳道示範賽金牌、陳詩欣則獲女子跆拳道四十九公斤級金牌。中國大陸的周繼紅曾獲女子十公尺跳板金牌、陳靜獲女子單打金牌、高敏獲女子三公尺跳板金牌、鄧亞萍獲女子單打和女子雙打金牌、伏明霞獲三公尺跳板個人金牌、王楠獲女子雙打金牌、郭晶晶先後獲得三公尺跳板銀、金牌、女子三公尺跳板雙人銀、金牌。

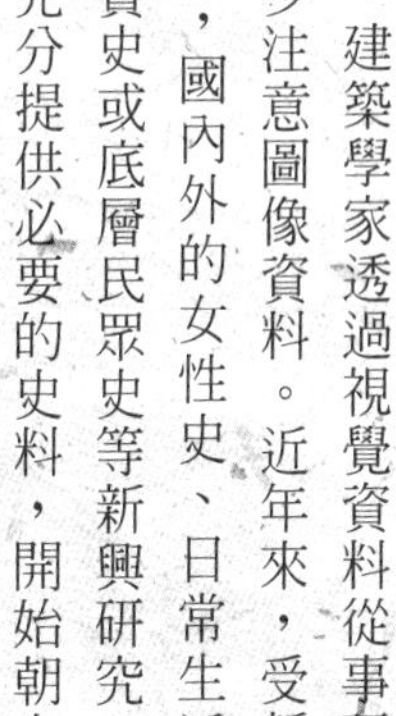

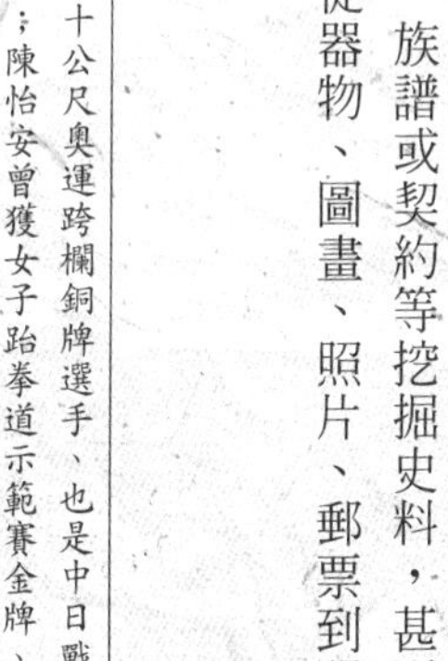

信片，都是學者鍥而不捨的珍貴史料。做爲女性史研究的一員，我和這群研究同儕一樣，經常注意我們的獵物，我著手近代中國女子體育史的研究時，一邊蒐集文字史料，也一邊留意非文字史料，當我找到不少女子運動圖像資料時，我的興奮是難以言說的，除了雲遊在圖像之中，把少部分圖像放入我的書稿裡，更渴望和大家一起分享這批難得一見的圖像。

我蒐集到的女子運動圖像，主要出現在報紙雜誌、畫報、校刊、漫畫、運動大會報告書上，由於有些圖像重複出現或影像模糊，經過多次篩選，最後本書所引用的圖像有一百八十二張，分別來自二十一種書籍和報刊，包括《時報》、《時事新報》、《申報》、《教育雜誌》、《婦女雜誌》、《玲瓏雜誌》、《良友畫報》、《東方小說》、《勤奮體育月報》、《竹蔭女學校雜誌》、《上海漫畫》、《聖馬利亞女校五十週年紀念特刊》、《福湘二十週年紀念特刊》、《上海縣立務本女子中學校第二屆畢業紀念錄》，《第六屆全運會畫刊》、《京師教育畫報》、《圖畫日報》、《民呼日報圖畫》、《全國女運動員名將錄》、《第六屆全國運動大會報告》和《二十二年全國運動大會總報告書》。必須一提的是，本書集中在清末到一九三七年中日戰爭之前，是因爲透過這段期間的圖

像，比其他時期更能彰顯近代中國女子體育的發展脈動，以及女性身體運動的變化梗概。之所以沒有延伸到戰爭時期、戰後和當代，一方面是戰爭讓許多運動會無法正常舉行，另一方面是戰後的部份體育活動與一九三〇年代差別不很大；至於當代的女子運動圖像容易取得，也被有系統的蒐藏，因此，本書略去了這些時代。

這批圖像資料分成漫畫和照片兩種類型，不過，照片占了絕大部分，因此，我不把它們分開處理，而是按書中不同主題和時間先後，讓漫畫和照片交錯出現。此外，這批圖像呈現的方式大致有四種：第一種是有文字說明的圖像；第二種是配合運動報導而繪製或拍攝出的圖像；第三種是雜誌封面或內頁的插圖，只有標題，沒有其他文字說明；第四種是畫家根據運動情境想像而成的漫畫。儘管其中有圖像沒有文字說明或憑空想像，但反映出的運動姿態或虛構情境，能讓人一目瞭然，不言而喻。本書分成三部分，前兩部分以近代中國女子體育發展的時間脈絡依序鋪陳，透過圖像展現中國女性在不同時空的運動方式、運動姿勢，第一部分集中在清末到一九三七年學校的女子體育活動，第二部分則觀看女學生在校外不同場域的各種運動，包括校際聯合運動會、區域運動會、全國運動會、遠東運動會、奧林匹克運動會和各種球類競賽。至於第三部

分則以圖文並列方式，陳述一九三〇年代在體壇紅極一時的女選手的故事。

在瀏覽近代女性運動之前，我們先回顧傳統女性是否也曾運動或做些甚麼運動，一般人以爲處在深閨的傳統女性是不運動的，其實她們從小就開始運動，盪鞦韆、放紙鳶或踢毽子都是她們在後花園中的身體活動，因爲這類運動不費體力，又可達娛樂效果，深受閨閣女性喜愛。另外，傳統女性也從事較費體力的運動，包括摔角、拔河、武術、拳術、騎馬以及足球、馬球和步打球（即持杖打球）等球類活動[2]；不過，這類型的運動並不普遍，只是少數女性的運動。大體上看來，傳統女性的運動是爲了娛樂或表演，沒有特別的目的，而且除了球戲有較多人一起參與，多數的運動屬個人或少數幾個人。

然而，當西方的近代體育傳入中國之後，傳統的運動雖然還存在，女子運動的型態卻有很大程度的改變，運動的內容也比過去豐富很多，更重要的是，女子體育是被有目的的倡導。嚴格來講，早在西方傳教士在中國設置女學校的清朝中葉，新式的女子運動就帶進了中國，但因爲受教育的女學生相當有限，而傳教士也沒有積極的推動，這時期的女子運動只停留在遊戲和簡單的肢體活動上，很少受到注意。一八九五年中國在甲午戰爭的挫敗，才有較多

人重視女子體育，特別是一群具有憂患意識的知識份子，他們爲了恢復國人的信心，開始尋找中國衰敗的原因，並認爲振興中國是全民的責任，向來被忽略卻占半數人口的女性，也被賦予救國的責任，「強國保種」成爲這時期女性挽救中華民族的藥方【3】。這味藥方必須經過改造女性思想和強健身體，才能取得，於是大力鼓吹女性上學堂讀書、放足和做運動。

要女性「做運動」不能只是一種口號，說說就了事，必須要切實、有效率的執行，但要如何辦到？在哪裡做運動呢？那就是由女學堂訓練，讓一群女學生在老師的

【2】宋代藝人中有女摔角手，而且相當講究技巧，稱得上是職業摔角手；打馬球是唐、宋宮廷中常見的宮女活動；而拔河比賽雖然多是男子參加，唐中宗時曾出現數百名宮女在玄武門外拔河比賽的情景。至於妓女踢足球娛客的一幕，在元代薩都剌的〈妓女蹴踘〉的散曲中曾有生動的描述。劉秉果，《中國古代體育史話》（北京：文物出版社，一九八七），頁四—二十三、三十五—三十七、四十六—五十一、一二〇—一二七、一三〇—一三二。

【3】清末的國學大師（有人又稱他是近代中國思想啟蒙家）嚴復在〈原強〉一文中，曾指出近代歐洲國家「以人種日下為憂」，不遺餘力地鍛鍊身體；他還認為「強種」不只是男性的責任，女性也應該負責，因為「母健而後兒肥，培其先天而種乃進也」，嚴復，〈原強〉，收入嚴復，《嚴幾道詩文鈔》（臺北：世界書局，一九七一），卷一，頁五十五。

指導下，進行集體、有秩序的運動。因此，本書是以女學生在學校做體操的照片爲起頭，當時多數女校不是設在私人祠堂便是廟宇，她們做體操的場所是在祠堂或廟宇的院子裡。這些圖像呈現了寫實的一面，也爲歷史做了見證。接下來是，女學生做些甚麼運動呢？從清末到民初，受西方軍國民意識的影響，軍國民教育的主張響澈雲霄，學部更列出「尙武」的教育宗旨，確立軍國民教育的位置，體育教學成爲體現「尙武」精神的有效方式。當時的體育課稱做體操課，以模仿德國和瑞典的日本體育爲主，「尙武」的體育就是透過兵式體操來展現；雖然女校學生不被要求做軍事體操，但從清末民初女學生的校內或校外體育活動，都看得到具有「尙武」精神的體操表演，在蒐集到的圖像資料中，除了有行進遊技（邊跳邊唱）、舞蹈之外，還有充滿陽剛氣息的徒手操、器械操、兵操和大行進的照片，這些場景連漫畫家都注意到，並成爲他們作品的題材。有關這部分的圖像，收入在本書的第一章和第二章中。

然而，隨著一九一九年第一次世界大戰的結束，軍國民教育不再魅力十足，爲了順應世界趨勢，第五次全國教育聯合會在會議中提出，軍國民主義已不合乎新教育的潮流，學校應自行改進體育教學。從一九二二年到一九二八

年，北洋政府和國民政府先後改革教育體制，先是把學校教育由模仿日本，轉變爲模仿美國，體操課改稱體育課；之後，對體育教學的內容做進一步規定，例如，體育正課之外必須安排早操和課外運動。在學校體育政策的大幅調整下，一九二〇年代之後，學校很少出現僵化的軍事體操，女學生和男學生的運動項目沒有太大差別，都以田徑、球類運動和普通體操，做爲體育正課的主要內容，其中，球類運動是女學生最感興趣的一種運動，她們不但自組球隊，還利用課後，舉行班際或校際球類比賽。另外，普通學校加強女子體育之外，專門訓練女運動員和體育師資的女子體育學校和體育科系也應運而生。因此，女學生的身體運動跨出了一大步。當時女學生在校園或各種運動會中，跑、跳、投擲、翻滾的這些動作，都被畫家和攝影師捕捉下來，成爲珍貴的歷史鏡頭。第二章「多元的體育教學」這節以及第三章的「學校聯合運動會」，就呈現許多這方面的圖像。

女性運動更大的突破是在一九三〇年代，不管是區域運動會或全國運動會，都陸續開放女運動選手參加運動競賽，她們原本只能參加這些大型運動會的表演項目，這時期終於有機會正式參賽；同時，遠東運動會或奧林匹克運動會也讓優秀的女運動員出席比賽。另外，錦標女球隊或

錦標女選手不但受邀在國內做示範表演或巡迴競賽之外，女子籃球隊還曾應華僑邀請，到國外演出。雖然能參加這些運動競賽的女性，只是少數的運動菁英，但不能否認的，從她們身上看到女性運動身體的驚人變化。一張張鋪陳在第三章中的寫眞照，讓我們對更具有張力的運動姿勢和大幅改進的運動技術，嘆爲觀止。

這些改變主要是因爲學校不再拘泥尚武體育，而是朝向多元的體能運動。不過，尙武體育所蘊含的民族主義，並沒有因此消逝，反而隨著踵繼而來的內憂外患，更加壯闊，從五四、北伐到一九三一年九一八事變發生，民眾的愛國情緒達到沸點，國民政府也藉此有計畫的推動民族主義運動，民族思潮衝擊著整個社會[4]。在到處揚溢著救國的呼聲下，出現了「體育救國」這個口號，「體育救國」其實是承襲「保國強種」的概念，同樣呼籲民眾以強健的身體挽救中國，只是不強調軍操，著眼於各種不同的體能運動。由於有越來越多的女性走進學校、踏入社會，國家比以往更倚重她們，「體育救國」更是女性不能規避的責任。特別是運動員參加國內大型運動會或代表中華隊出席國際運動會，被認爲是爲國爭光，給予極大的期待；但萬一落敗，譴責的聲浪也跟著紛至沓來。

然而，當「體育救國」被大力宣導的同時，西方「健

康美」的觀念也傳進中國，「健康美」這個名詞深受傳播媒體、電影工業、商品廣告的青睞，並被廣泛的引用[5]。因此，一九二〇到一九三〇年代，倡導女子體育的言論依違在「體育救國」和「健康美」之間，並不以八股的國族論述為唯一。言論之外，女性從事運動果眞是為了民族大義？美麗和健康是否也是她們的選擇？當然，不管從女運動的合照或個人寫眞，找不出她們心中的底蘊，不過，運動女性勇於在公眾場合或攝影機下，接受擬視，或擺出健美的姿態，多少說明她們用運動的身體，驗證了「健康美」，這在本書的許多圖像中，都有跡可尋。至於楊秀瓊風情萬種的各種打扮，似也重在美麗的展現，而人們對楊秀瓊的重視，除了傲人的游泳成績之外，就是她美麗的外表。翻開《女運動員》和《女運動員名將錄》這兩本畫冊，編者對明星運動員的描寫，也不出於運動成果和容貌，她們的運動表現如何和救國勾連，並沒有被提到。

【4】游鑑明，〈近代中國女子體育觀初探〉，《新史學》，卷七期四（一九九六年十二月），頁一三一—一三八。

【5】游鑑明，〈近代中國女子體育觀初探〉，頁一一九—一五八；游鑑明，〈近代中國女子健美的論述（一九二〇年代—一九四〇年代）〉，游鑑明主編，《無聲之聲(II)：近代中國的婦女與社會（1600-1950）》，臺北：中央研究院近代史研究所，民國二〇〇三年，頁一四一—一七二。

其實，不管是「體育救國」或是「健康美」，不能否認的是，從清末到一九三七年，中國女性的身體活動有很大的改變，也培養出不少具有運動長才的女運動員，成爲社會的新群體。只不過，她們之中，沒有多少人在體壇上長期發展，除個人因素之外，戰爭是更大的影響，造成這時代培養出的女性運動人才，很快的在人們記憶中殞落。從第四章中，可以看到這點遺憾。

最後需要一提，史料是浩瀚無盡的，特別是公開讓眾人觀賞的運動場景和運動競賽，吸引著來自各方人士拍攝或繪製，最終流到市面或圖書館的，是當時刊載在報章雜誌上或公開發行的出版品，我所蒐集到的近代女子運動圖像，主要來自這批人人都可以閱讀到的資料，對於未曾公開出版的圖像或私人典藏的資料，不是我能力所及，因此，嚴格來講，本書呈現的只是一部分。然而，本書提供的圖像或闕漏，若能引起更多研究或蒐集的興趣，將是我出版這本書的最大歡喜。

第二章　學校的女子體育活動

體操課

近代中國的女子運動是從學校開始，在放足風氣還存在的清末民初，許多學校的體育課是採誘導和漸進的方式，一方面，規定女學生入學之後要放足；另一方面，安排簡單的體能運動。早期的體育課一律稱爲「體操課」，以模仿德國和瑞典的日本體育爲主，基本上教導普通體操、兵式體操和遊戲。在軍國民教育思想的影響下，許多男學校強調兵式體操，女學校則根據教育當局指示，可以酌情增減體育內容，不需要傳授兵式體操，但爲了跟上時代潮流，「尚武」的運動還是滲透到女校校園，許多女校不僅傳授行進遊技（邊跳邊唱）和舞蹈，也教導女學生具有「尚武」精神的徒手體操、器械體操。

根據報紙記載，一九〇六年，北京豫教女學堂召開紀念會，該校學生以合隊、分隊方式表演體操，由於步伐整齊，運動內容又五花八門，引起眾人「驚倒」[1]。雖然找不到這個場景，但從當時《教育雜誌》的內頁照片或女校校刊的運動圖像中，也可以看到其他女校學生做體操的各種

圖一：一九一二年江蘇武進女子師範附屬初等小學四年級表演徒手體操

有趣模樣。

下面這三張照片呈現的正是女學生的徒手體操，民國初年，江蘇武進女子師範附小的學生，她們挽著頭髮，穿著長衫、長褲，在庭院中認眞的做徒手操。到一九二〇年代，許多學校學習美國的運動方式，福建泉州華僑公學女學生所表演的是來自美國的徒手操，照片的上端，還有老師彈風琴伴奏。這三種操法中，除第一張照片，姿勢較柔和，其他都充滿陽剛之氣。

圖二：一九一三年江蘇武進女師範附屬小學初等三年級生表演徒手操

【1】〈補豫教女學堂開紀念會事〉，《順天時報》，一九〇六年十月十七—十九日，引自張玉法、李又寧主編，《近代中國女權運動史料》下冊（台北：傳記文學社，一九七五年），頁一一二四—一一二六。

圖三：一九二二年福建泉州華僑公學第三次遊藝會表演美式徒手操

接下來的這十二張照片，讓我們看到多樣的體操運動，雖然蘇州竹蔭女學校和直隸第二女子師範學校學生，上穿高領長襖、下著長裙或長褲做軍操的樣子，確實有點滑稽，但當時一些女校卻是慎重其事的向女學生傳授這類具尚武精神的體操。

此外，手持棍棒、啞鈴、球拍或毛巾等實物的器械體操，也在女子體育倡導初期十分盛行，而且不管是公、私立學校或教會學校，都注重器械體操。圖六到圖十五，呈現了中國各地女校不同的器械體操風貌。

圖四：一九一三年蘇州竹蔭女學校的兵式體操

圖五：一九一七年直隸第二女子師範學校十週年紀念表演大行進

圖六：十九世紀上海聖馬利亞女校的器械操

圖七：一九〇九年江蘇吳江愛德女學校舉行已酉春季運動（雙人球竿）

圖八：一九一一年上海清心女學校學生表演球操

圖九：一九一三年江蘇蘇州竹蔭女學校的棍棒體操

圖十：一九一五年山西公立女學校高小表演球杆體操

圖十一：一九一五年杭州女師範附屬小學表演體操

圖十二：一九一七年直隸第二女子師範學校十週年紀念演出啞鈴體操

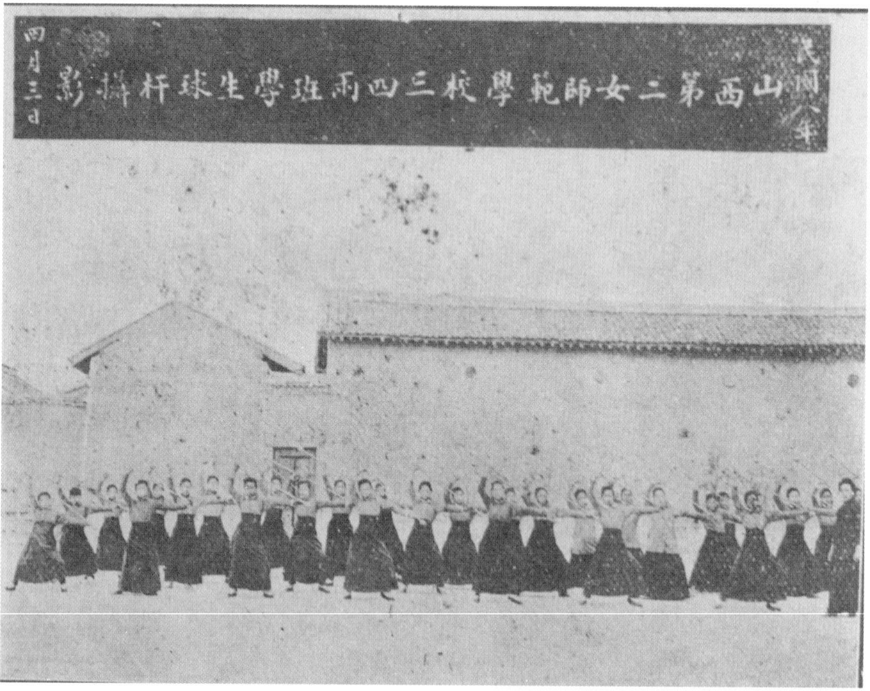

圖十三：一九一九年山西第二女師範學校三四兩班學生表演球杆操

圖十四：一九二二年福建泉州華僑公學第三次遊藝會的手巾操

圖十五：一九二二年福建泉州華僑公學第三次遊藝會的啞鈴操

圖十六：一九一一年上海清心女學校幼稚生演唱飛鳥

體操之外，遊戲、舞蹈也是學校體操課的重點，許多學校利用遊藝會、校內運動會展現成果。圖十六和圖十七，是兩所幼稚園的唱遊活動，隨著清末民初的圖像，我們彷彿進入男、女稚童牽著手、圍著圓圈的表演情境。

圖十七：一九一二年湖南公立第一女子師範附屬幼稚園生的遊戲

圖十八到圖二十二，是一群年齡較長的女學生，在高領長衫、長裙的襯托下，表演舞蹈。雖然沒有現代舞衣的輕巧，她們的舞姿卻有另一番風貌，也讓我們看到近代學校的體能教育，用何種方式讓女性舞動肢體。

圖十八：一九一一年上海清心女學校表演水輪舞

圖十九：一九一一年上海清心女學校表演鮫綃舞

圖二十：一九一四年江蘇常熟私立淑琴女師範懇親會表演排列舞

圖二十一：一九一六年浙江縉雲育英初高女學校高等班的遊戲

圖二十二：一九一八年江蘇宜興第二女子高等小學校表演舞蹈

圖二十三：一九二〇年上海務本女中學生持網球拍的各種樣貌

不能忽視的是，這時期球類運動、競走、騎自由車（即自行車）或劍術雖然不是體操課的主軸，但有女學校已經挑戰這類運動。以上海務本女校爲例，一九〇五年，該校的運動會除了有唱歌、遊戲之外，還有庭球（指網球）、拋球、各式競走和飛車表演[2]。可惜的是，我們找不到務本女校運動會的照片，不過，類似這樣的運動，在民初倒是常見。下面兩張照片中，就是務本女校學生在一九二〇年拿著網拍和籃球所拍攝的照片，雖然沒有表演場景，但從中可以看出，球類運動確實已經進入該校；至於山西河東女子師範學校兩位女學生劍術表演的這張照片，顯現了颯颯英姿，只是她們的表演和傳統女性的武術演練，差別不大。

圖二十四：一九二〇年上海務本女中籃球隊合影

圖二十五：一九一九年山西河東女子師範學校表演劍術

【2】〈紀務本女塾及幼稚舍秋季運動會〉，《申報》，一九〇五年十一月十二日，頁九；〈紀務本女塾運動會〉，《申報》，一九〇六年五月二十日，頁十七。

爲了呈現女子體育教學的成果，運動會的舉辦成爲每個學校的例行活動，除了邀請家長、地方官員出席之外，學校還開放給各界觀賞。當時女校的運動會景象，可以說是空前未有，於是漫畫家和攝影師分別透過他們的相機、畫筆，捕捉難得一見的場面。圖二十六到圖三十二，便是選擇兩張漫畫和五張照片，來觀看當時女學校運動會的各種盛況。其中《京師教育畫報》呈現了一群梳著髮髻、穿著短襖長裙的北京女子師範學校學生，正魚貫的進入運動會場，參加秋季運動會。

《民呼日報圖畫》的畫家不僅展現上海清華女學校在運動會上的姿儀，還描繪了運動會井然有序、男女分坐的難得畫面。而攝影師爲江蘇吳江麗則女學校十二週年紀念運動會拍下的鏡頭，更是壯觀。

圖二十六：北京女子師範學校學生，正魚貫的進入運動會場，參加秋季運動會

圖二十七：上海清華女學校的運動會

圖二十八：一九一七年江蘇吳江麗則女學校十二週紀念運動會

圖二十九：一九〇九年上海愛國女學校的運動會

圖三十：一九一五年福建省立女子師範職業學校運動會

圖三十一：一九一六年湖南省立第二女子師範學校運動會

圖三十二：一九一六年江蘇揚州女子公學校平民小學第一次運動會

一九二二年，北洋政府頒布學校系統改革令，教育體制進入嶄新階段，學校教育由模仿日本，改爲模仿美國，體操課也於翌年正式改稱體育課，不僅授課時數增加，課程內容也較過去多樣，除廢除兵操之外，主要是田徑、球類、遊戲和體操等項目[3]。一九二八年，國民政府定都南京後，著手各方面的整頓工作，陸續制訂一系列的教育法令，同時也對學校的各項體育措施做週延的規定。其中，體育正課之外的早操和課外運動，是國民政府發展學校體育的重點，因此，原本不算正式的早操和課外運動，漸漸被納入學校的例行活動中，有的學校甚至把這正課之外的體育活動，列爲體育成績或用來考核學生操性。隨著學校體育政策的大幅調整，女學生的體育活動也更加豐富，變化多端。

圖三十三：一九三一年上海清心女校學生表演疊羅漢

【3】國家體委體育文史委員會、中國體育史學會編，《中國近代體育史》，（北京：北京體育學院出版社，一九八九），頁一一七。

以下的八幅照片，提供一九三〇年代小學、中學和大學女生各類型的體能運動，讓我們感受到這時代女學生的身體運動，比過去誇大很多。疊羅漢的表演原本是男學生的專利，這時期，連女校學生也把疊羅漢列入她們的體育活動中。另外，湖南長沙福湘女中的學生在健身房內練習壘球，而不在戶外練球的這一幕，令人印象深刻。至於整齊劃一的大型體操表演，更成爲女校運動會的重頭戲，一九三五年廣東省立女師運動會附小學生的梅花舞和一九三七年上海工部局女子中學的團體操表演，都很有特色，其中，上海工部局女子中學的演出水準，並不輸給當下的女學生，充分顯示該校對推動女子體育的用心。

圖三十四：一九三三年江蘇蘇州東吳大學男女生的課外體育表演

圖三十五：一九三三年湖南長沙福湘女中健身房內部一角（壘球練習）

圖三十六：一九三五年廣東省立女師運動會附小學生表演梅花舞

圖三十七：一九三五年廣東省立女師運動會附小女學生的結繩表演

圖三十八：一九三七年南京中央大學第十屆春季運動會女子拔河

圖三十九：一九三七年上海工部局女子中學團體操表演

圖四十：一九三七年上海工部局女子中學表演中國式舞劍

體育師資的缺乏是推動女子體育的一大問題，早在清末，就有女校設立暑期體操傳習會或體育速成班，專爲各地女學校及小學校培養成女子體操教員【4】。但這都不是正式的養成機構，只是一種過度組織，因此，需要有正式的體育學校對女子運動人才做長期、有計畫的訓練。一九二八年以前，較出名的女子體育學校和體育科系，大約有十二個：中國女子體操學校、上海女子青年會體育師範學校、上海愛國女中體育科、廣東女子體育學校、上海東亞體育專科學校女子部、上海東南女體育專科學校、南京女子體育師範學校、上海兩江女子體育專科學校、北平大學女子文理學院體育系、北京女子高等師範體育科、上海滬江女子體育學院、金陵女子大學體育系【5】。這幾所學校培養出許多體育人才，畢業生也分別應邀到各地學校任教，因此，它們的體育活動深受各界矚目。

我們雖然沒有中國女子體操學校運動表演的照片，但清末的畫家透過他們的筆勾勒出該校運動的景觀，在〈中國女子體操學校開運動會〉一圖中，女學生整齊劃一的做徒手體操，和前面所呈現的女校徒手體操照片，差別不大。〈中國女子體操學校舉行畢業〉這幅畫，則如實地掌握，在號角的伴奏下，畢業女生持木槍，表演軍操的一幕；而觀眾席上，則坐著前來驗收該校體操成果的官員們。

上海女青年會附設的女子師範體育學校，是在一九一七年由西洋傳教士設置，該校的教學方式，和中國女子體操學校並不相同，中國女子體操學校的教法受日本影響，上海女子師範體育學校則採美式教法，從該校畢業生舞蹈表演的照片中，約略可以看出該校的運動型態。

【4】詳見一九〇七年到一九〇八年間的《申報》。

【5】吳文忠，《中國近百年體育史》（臺北：臺灣商務印書館，1967），頁一一九—一二八；蘇競存編，《中國近代學校體育史》（北京：人民教育出版社，一九九四），頁一一八—一二一、一七七—一八〇。

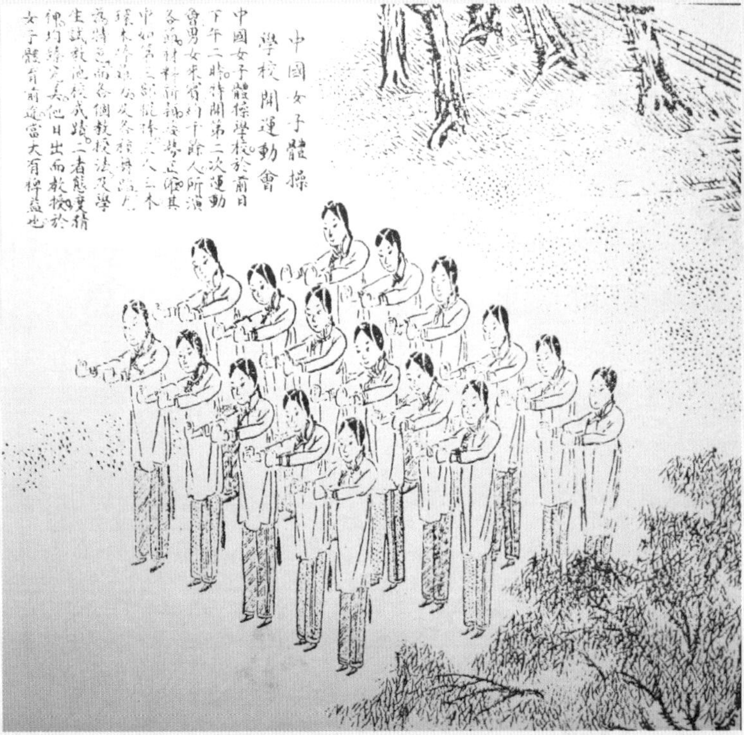

圖四十一：中國女子體操學校開運動會

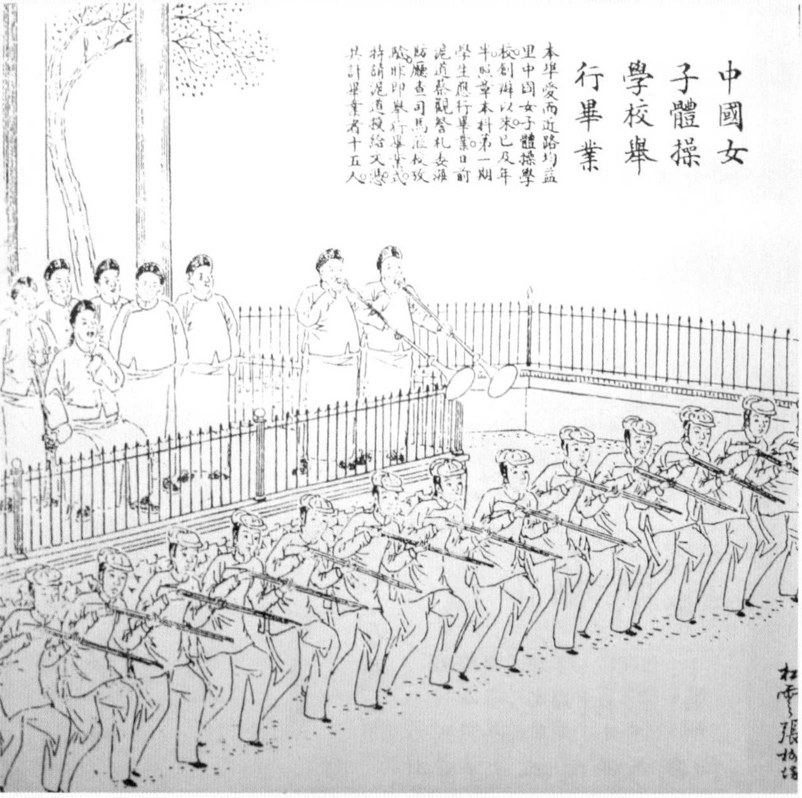

圖四十二：中國女子體操學校畢業典禮中的兵式體操

圖四十三：一九二一年上海女青年會體育師範學校畢業表演

至於一九二〇年代末期到一九三〇年代，女子體育學校的教學活動越來越豐富，圖四十四到圖四十八，如實地拍下兩江女子體專學生游泳生活的每一幕，這時期，女學生表現的運動樣貌和清末民初，有很大程度的不同，充滿著青春活潑的氣息。此外，爲配合女子運動的倡導，當時影片公司拍攝了一些運動表演的影片，女子體育學校的學生很自然的成爲影片中的模特兒，圖五十一，便是一九三四年，東南女子體專攝製運動表演影片所留下的紀錄。

圖四十四：一九三〇年兩江女子體專學生的泅泳生活

圖四十五：一九三〇年兩江女子體專學生的泅泳生活——水中遊戲。

圖四十六：一九三〇年兩江女子體專學生的泅泳生活——浮水大皮球。

圖四十七：一九三〇年兩江女子體專學生的泅泳生活——跳板上的體育學生

圖四十八：一九三〇年兩江女子體專學生的泅泳生活——倦泅後的休息照。

圖四十九：一九三三年東南女子體專的舞操

總之，從一九二〇到一九三〇年代，中國女學生在運動場上的表現，都與清末民初大爲不同。在外表上，長辮、髮髻、高領長衫、長裙或長褲的運動裝扮，逐漸退場，換上的是短髮、短衫、燈籠褲，接著短褲、泳裝也登上運動舞台，事實上，這種由長而短、從包裹全身到裸露部份軀體的運動服飾演進，並不是中國特別，而是與世界接軌。運動穿著革新之外，女運動員肢體的活動更異於過去，透過學校體育活動的照片，我們看到驚人的變化，無論從陸面到水中，或是從跑、跳、投擲到翻滾，每一個需要體力和運動技術的動作，都被女運動員突破，反映這時期的體育訓練，已爲中國女性塑造了新的身體。

圖五十：一九三三年東南女子體專的日常運動練習

圖五十一：一九三四年東南女子體專攝製運動表演影片

圖五十二：一九三四年愛國女學校體育科學生表演疊羅漢

3

第三章 無處不在的女子運動

女學生在自己就讀的學校操場上展現運動成果的同時，有一部分具有運動特長的女學生走出校園，參加公開的運動競賽，她們以運動選手的身分，出席大小不一的體育活動，從學校聯合運動會、區域運動會、全國運動會、國際運動會到各種球類比賽，處處都有她們的身影。

從學校聯合運動會到區域運動會

學校聯合運動會

女學生最早參加的校外公開運動會，應該是學校聯合運動會。一九一二年，北京、清華等校，舉辦首屆學校聯合運動會，這以後，其他地區也陸續有學校聯合運動會[1]。以江蘇省立女子師範學校或江蘇省省立學校舉辦的聯合運動會爲例，這兩次運動會中，都有女校學生參加，只不過，這時候女學生是以表演身分出席運動會，她們的演出是在向大眾宣傳女子體

圖五十三：一九一五年江蘇省立各校第二屆聯合運動會民立女子中學福克村舞

【1】吳文忠，《中國近百年體育史》，頁六十二—六十三。

圖五十四：一九一五年江蘇省立各校第二屆聯合運動會第一女師範進行遊技（菊錠籬金）

育的重要，示範意義大過競賽，也引發各界注意和評論。

女學生的表演活動中，較常見的是行進遊技、舞蹈，其中民立女中在第二屆聯合運動會演出的福克村舞（Folk Dance），因爲服裝整潔、動作活潑嫻熟，被認爲可奉爲圭臬【2】。另外，受軍國民教育的影響，除了學校有兵式體操之外，聯合運動會上，也不乏「尚武」的女子體育，愛國女校在江蘇省省立學校的第三屆聯合運動會中，表演的新式棍棒、拳術、武器、籃球和場球，便讓人耳目一新【3】。不過，尚武的運動在校外的公共空間表演時，在眾人審視下，出現各種聲音，有的觀眾不能接受這種形式的運動，商務印書館的編輯張世鎏，對蘇省第二屆聯合運動會中女學生穿著長裙走正步（兵式步伐）的團體操表演，頗表不滿，他諷刺這是「拖長裙而學鵝步」【4】。雖然我們沒有蒐集到這張照片，但從上一章女學生做軍事體操的照片和本章圖五十五黑龍江龍江縣立女子高等小學校的啞鈴體操，大致可以明白張世鎏所指爲何。

一九二〇年代之後，校際聯合運動會日益普

圖五十五：一九一九年黑龍江全省第二次聯合運動會中龍江縣立女子高等小學校的啞鈴體操

遍，運動項目也趨於多元，爲了爭取學校榮譽，出席運動會的學校，無不推出拿手的節目或選拔精銳選手上場。下面四張照片，便是來自一九二〇到一九三〇年代廣東和上海兩地學校聯合運動會的各種場景，從中可以看到，女子運動有很大的變化，除了柔軟操、美式舞蹈受到重視之外，球類運動、田徑賽漸漸成爲大型運動會的重要項目。

【2】張世鎏，〈參觀江蘇省立各學校第二次聯合運動會記〉《教育雜誌》卷七號十二（一九一五年十二月十五日），頁九十。

【3】幻龍，〈江蘇省立各校第三屆聯合運動會記其二〉《教育雜誌》卷八號十二（一九一六年十二月），頁七十。

【4】張世鎏，〈參觀江蘇省立各學校第二次聯合運動會記〉，《教育雜誌》卷七號十二，頁九十二。

圖五十六：一九二一年廣東省各校春季運動會中女學生的柔軟操表演

圖五十七：一九二一年廣東省各校春季運動會女學生的排球比賽

圖五十八：一九二八年上海各學校聯合運動會女子五十米賽跑終點

圖五十九：一九三四年上海市第三屆中學聯合運動會五十米決賽起點

除了前述之外，女子體育學校之間也舉辦校際聯合運動會，相互觀摩運動教學成果，下面是愛國女校體育科和東亞體專女子部的聯合運動會，來自體育科班女學生的體操表演十分多樣。

圖六十：一九二三年愛國東亞聯合運動會（一）

圖六十一：一九二三年愛國東亞聯合運動會（二）

圖六十二：一九二三年愛國東亞聯合運動會（三）

區域運動會

由於有越來越多的女學生出現在校外的運動場上，攝影師拍攝的焦點不只是運動場裡的體育表演，也把鏡頭挪移到其他方面，例如，運動會的開幕式以及女性選手或女性來賓的場外活動。值得注意的是，這群女性顯然不排斥被拍照，在攝影機前表現出落落大方的姿態，圖六十六民立女中運動員的笑容，十分甜美。

圖六十三：一九三三年上海市第二屆中學聯合運動會開幕式

圖六十四：一九二八年上海各學
校聯合運動會女子中學部五十米優勝

圖六十五：一九二八年上海各學校聯合運動會的女性來賓

圖六十六：一九三四年在帳篷休息的民立女中運動員

隨著近代體育的逐漸普及，在校際運動會之外，各地區也分別發起規模不等的區域運動會。區域運動會一開始是以男選手的競賽爲主，開放女選手參加的時間較晚，大致在一九二〇年代，不過，當女性投入這類型運動會時，經常有漂亮的運動成績，不少選手因爲在區域運動會脫穎而出，被選派參加全國運動會或遠東運動會，讓她們在體壇大放光芒。

一九一三年在北京召開的華北運動會，被認爲是最早的區域運動會，到一九三四年華北運動會一共舉辦十八屆，參加的省份主要來自黃河以北各省。圖六十七到圖七十二，分別是第十五、第十七、第十八屆華北運動會中，女運動員的各種競賽樣貌；從圖七十，還可以觀察到華北觀眾對區域運動會的風靡，據說，第十八屆華北運動會的開幕式，湧進了將近五萬人。

圖六十七：一九三一年第十五屆
華北運動會中女子的低欄競技

圖六十八：一九三三年第十七屆華北運動會女子排球決賽的一幕

圖六十九：一九三三年第十七屆華北運動會場中正在休息的女運動員

圖七十：一九三四年第十八屆華北運動會開幕時會場盛況

圖七十一：一九三四年第十八屆華北運動會女子八十公尺低欄決賽中途

圖七十二：一九三四年第十八屆華北運動會女子百公尺決賽
（箭頭所指與圖上角是全國個人錦標得主焦玉蓮）

而爲選拔代表參加一九二三年在日本舉行的遠東運動會，兩湖、江西和安徽等地也在這一年舉行華中運動會，直到一九三六年，華中運動會開辦了六屆。下面的四張照片，是取自一九二六年第三屆華中運動會的籃、排球賽和百米賽跑。必須一提的是，這時期華中女運動員的穿著，看來和一九三〇年代華北女運動員的穿著，相當不同，顯得十分保守。不過，仔細觀察一九二〇年代中、後期，女運動員的寫眞，這時代時尚的運動服款式，就是長衫、燈籠褲。

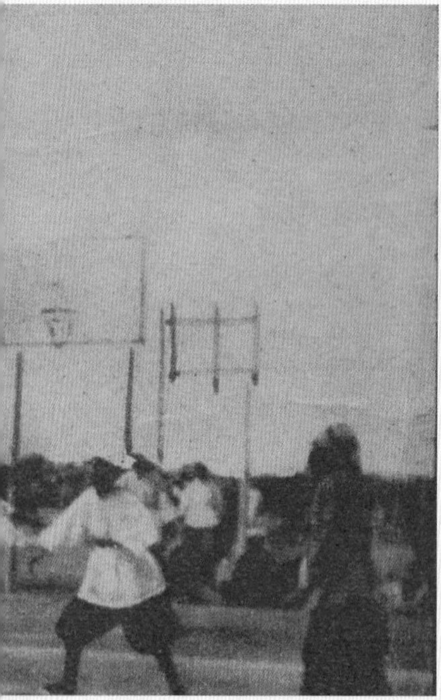

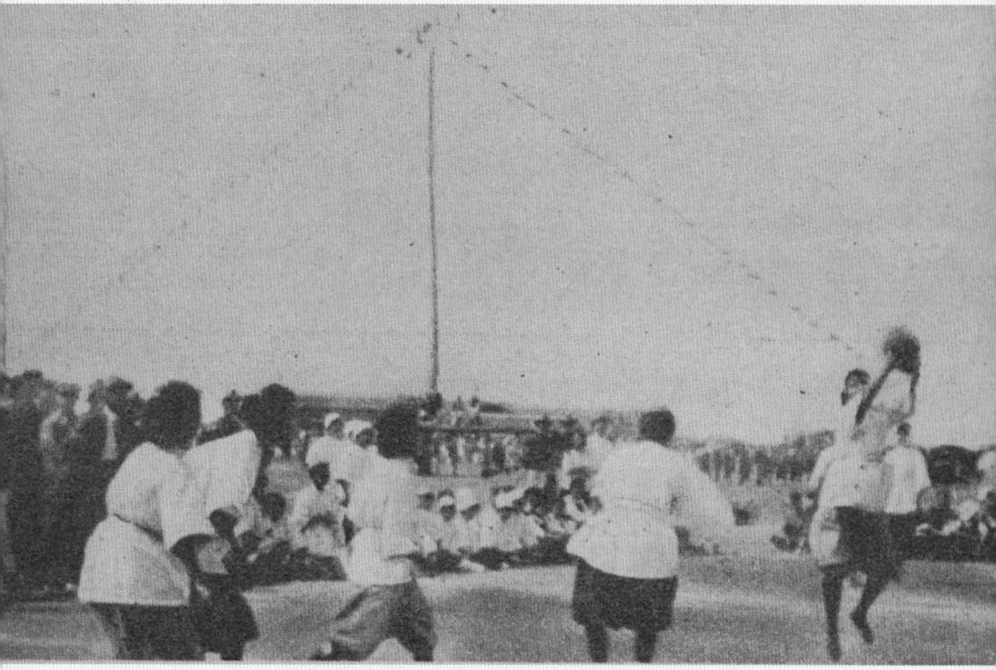

圖七十三：一九二六年第三屆華中運動會安徽與湖南的女子籃球比賽

圖七十四：一九二六年第三屆華中運動會湖北和江西的女子籃球比賽

圖七十五：一九二六年第三屆華中運動會的女子隊球（排球）比賽

圖七十六：一九二六年第三屆華中運動會的女子百米賽跑

華東地區則是透過華東八大學體育聯合會和江南大學體育聯合會的籌畫，每年結合江浙地區大學舉辦區域運動會。以下便是一九二六年華東運動會中的女子賽球，這張照片可以和華中運動會的球賽互做比較。

除了華北、華中、華東地區，以省市為單位的運動會更加普遍，幾乎全國各地都有[5]。光是上海這個城市所舉辦的大小型運動會或球賽，就不可勝數，以下是兩江女子體專，在上海市第四屆全市運動會表演體操的一幕。

圖七十七：一九二六年華東運動會的女子賽球

【5】崔東泉，《中國近代體育史話》（北京：中華書局，一九九八年年），頁六十－六十三。

圖七十八：一九三六年上海市第四屆全市運動會中兩江女體師的體操表演

全國運動會

全國性運動會早在清末就已經揭開，中日戰爭之前，全國運動會曾舉辦六屆。一九一〇年在南京召開的全國學校區分隊第一次體育同盟會，比照國際運動會的型式，推出田徑和球類運動項目，被稱爲是首屆全國運動會，但女性在首屆全國運動會就被排斥在外，因爲大會只接受男性運動員參賽。這項規定到第二屆全運會，仍然沒有改變，一直要到一九二四年在武昌召開的第三屆全運會，女性運動員才有嶄露頭角的機會，卻也只能參加球類運動的表演項目。儘管如此，長江流域的女學校仍相當捧場，爲了參加這場運動盛會，有女校代表遠從上海、江西等地，搭船前來。在運動會中，女校學生演出的節目，除了有湖北地區各級學校的團體操之外，還有湖南女校選手的籃球、網球表演、上海兩江女體師的舞蹈、隊球（即排球）比賽、九江諾立書院的籃球、隊球比賽，以及上海滬江女子體育師範的籃球、棒球和團體操演出【6】。遺憾的是，我們缺乏這次運動會的照片。

第四屆全國運動會

國民政府在南京執政時期，改變全運會的籌辦方式，從私人團體轉由政府負責舉辦，因此，每一次的全運會都熱鬧非凡，參加的人數遠超過前三屆。同時，由國民政府首次主導的第四屆全運（一九三〇年），終於讓女運動員獲得正式參賽的資格，女運動員再也不用以表演方式在國人面前亮相；而此後的每一屆全運會，她們都能和男性一樣，在運動競賽中大顯身手。不過，女運動員的競賽項目並不是一開始就比照男運動員，一九三〇年，女子的比賽項目只有田徑、籃球、網球和排球等四種。

第四屆全運會在杭州梅東高橋軍營操場舉行，有二十四省市參加，男女選手約計兩千多人，和過去只有數百人參賽相較，實有天淵之別【7】。這是中國女性第一次在全國性運動會上正式登場，特別受媒體的關切。《申報》的編輯在該報「全國運動大會特刊」的引言中，把女運動員參賽的這件事，視爲這次大會的特色之一：

我國女子素以嬌小文秀為美觀，不出遠道為習尚，而今一般肌肉豐滿短衣露腿矯健美麗之女子，雄糾糾馳騁於運動場上，雖東北西南兩隅，亦不嫌路途之跋涉，均來比賽，可見我國體育已普及於女子[8]。

而大會也對與會的女性相當禮遇，開幕的遊行隊伍，以女性在前，男性殿後，代表演說或領取獎品等，同樣是女先男後[9]。

各地對女代表的選派也相當支持，其中女子球賽的代表隊特別可觀，籃球的參賽隊，除了遼寧、河南、福建缺席之外，共計十五隊；而女子排球也多達十三隊[10]。另外，據專業的體育記者們指出，這次運動會中的女子八磅鉛球、女子棒球、女子跳高或女子跳遠的運動選手等，大多數水平不高，例如女子棒球只做投擲比賽，不懂運動規則的，就占十之八、九，姿勢不正確的鉛球、跳高、跳遠選手，更是比比皆是[11]。但或許是抱著孤注一擲的心態，每一個項目都有四十多人參賽。

由於這是中國女運動員首次參加全國運動競賽，各大媒體都派攝影師捕捉她們的身影，但我們所得到的圖像資料，不很清晰，只選擇下面五張，略窺女運動員上場前和競賽時的情況。

【6】《時報》，一九二四年五月二十二日，頁二、《時報》，一九二四年五月二十三日，頁三、《時報》，一九二四年五月二十五日，頁二。

【7】另有一說，實到單位是二十二個，男女運動員共一千六百三十人。成都體育學院體育史研究室編，《中國近代體育史簡編》（北京：人民體育出版社，一九八一年），頁一三三。

【8】崇淦，〈引言〉《申報》「全國運動大會特刊」第一號，一九三〇年四月一日，頁十一。

【9】《時報》「時報全國運動會特刊」第一期，一九三〇年四月一日，頁一、〈輕男重女〉《申報》「全國運動大會特刊」第十二號，民國十九年四月十二日，頁十七。

【10】《時報》「時報全國運動會特刊」第三期，一九三〇年四月三日，頁五、《申報》「全國運動大會特刊」第九號，一九三〇年四月九日，頁十八。

【11】《時報》「時報全國運動會特刊」第二期，一九三〇年四月二日，頁五、《時報》「時報全國運動會特刊」第四期，一九三〇年四月四日，頁一、《時報》「時報全國運動會特刊」第五期，一九三〇年四月五日，頁六。

圖七十九：一九三〇年全國運動會何振坤推鉛球的姿勢

圖八十：一九三〇年全國運動會哈爾濱女運動員試跑

圖八十一：一九三〇年全國運動會女子二百米接力起點

圖八十三：一九三〇年全國運動會女子二百米接力終點

圖八十二：一九三〇年全國運動會女運動員起跑前摩拳擦掌

圖八十四：一九三〇年全國運動會女子二百米接力哈爾濱組：右起王淵、劉靜貞、吳梅仙、孫桂雲

女性選手不但參賽踴躍，競爭也相當激烈，女子籃球比賽中的北平和上海兩隊，在決賽前一直分不出勝負；兩百米接力賽（又稱替換跑），又發生廣東隊和哈爾濱隊的糾紛。但無論如何，還是得有個輸贏，最後出爐的成績是，廣東隊和哈爾濱隊共得田徑冠軍、籃球冠軍是北平隊、排球冠軍是廣東隊、網球冠軍則是天津隊。

接下來的照片是各項競賽冠軍隊隊員們的合照，其中，圖八十四是四名來自哈爾濱女運動員的合照，不管在團體或個人的競賽上，她們都令觀眾刮目相看，贏得「四大女傑」的美譽。

圖八十五：一九三〇年全國運動會廣東男女選手全體

圖八十六：一九三〇年全國運動會女子田徑錦標隊（哈爾濱）

圖八十七：一九三〇年全國運動會女子網球錦標隊（天津）左梁佩瑤、右梁佩瑜

圖八十八：一九三〇年全國運動會女子籃球錦標隊（北平）

圖八十九：一九三〇年全國運動會女子排球錦標隊（廣東）

這場運動會讓代表地區大出風頭，也使女運動選手光芒四射，在女子個人總分中，來自哈爾濱的孫桂雲，因五十米和百米賽跑的凸出表現，累計成績爲十分，榮獲第一名，另外，廣東的劉有慶則以五十米、百米賽跑和跳遠的佳績，列爲第二名，遼寧何振坤、廣東陳佩桃、湖北馮發蘭、哈爾濱吳梅仙則分別因推鉛球、擲棒球、跳高、跳遠，獲得第三名[12]。

圖九十一：一九三〇年全國運動會女子擲棒球第一陳佩桃

圖九十：一九三〇年全國運動會女子鉛球第一何振坤

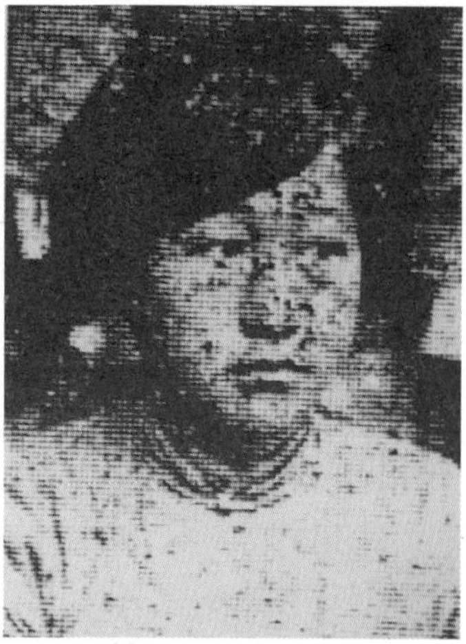

圖九十二：一九三〇年全國運動會女子跳高第一馮發蘭

圖九十四：一九三〇年全國運動會女子五十米、百米跳遠第二劉有慶

圖九十三：一九三〇年全國運動會女子跳遠第一吳梅仙

【12】詳見《時報》「時報全國運動會特刊」第一——十二期，一九三〇年四月一——十二日。

第五屆全國運動會

一九三三年的第五屆全運會是在東北淪陷之後舉行，會場設在新蓋好的南京中央大運動場，規模相當宏大，可容納六萬名觀眾，因此，運動會場擠滿人潮。

圖九十五：一九三三年第五屆全國運動會開幕典禮（一）

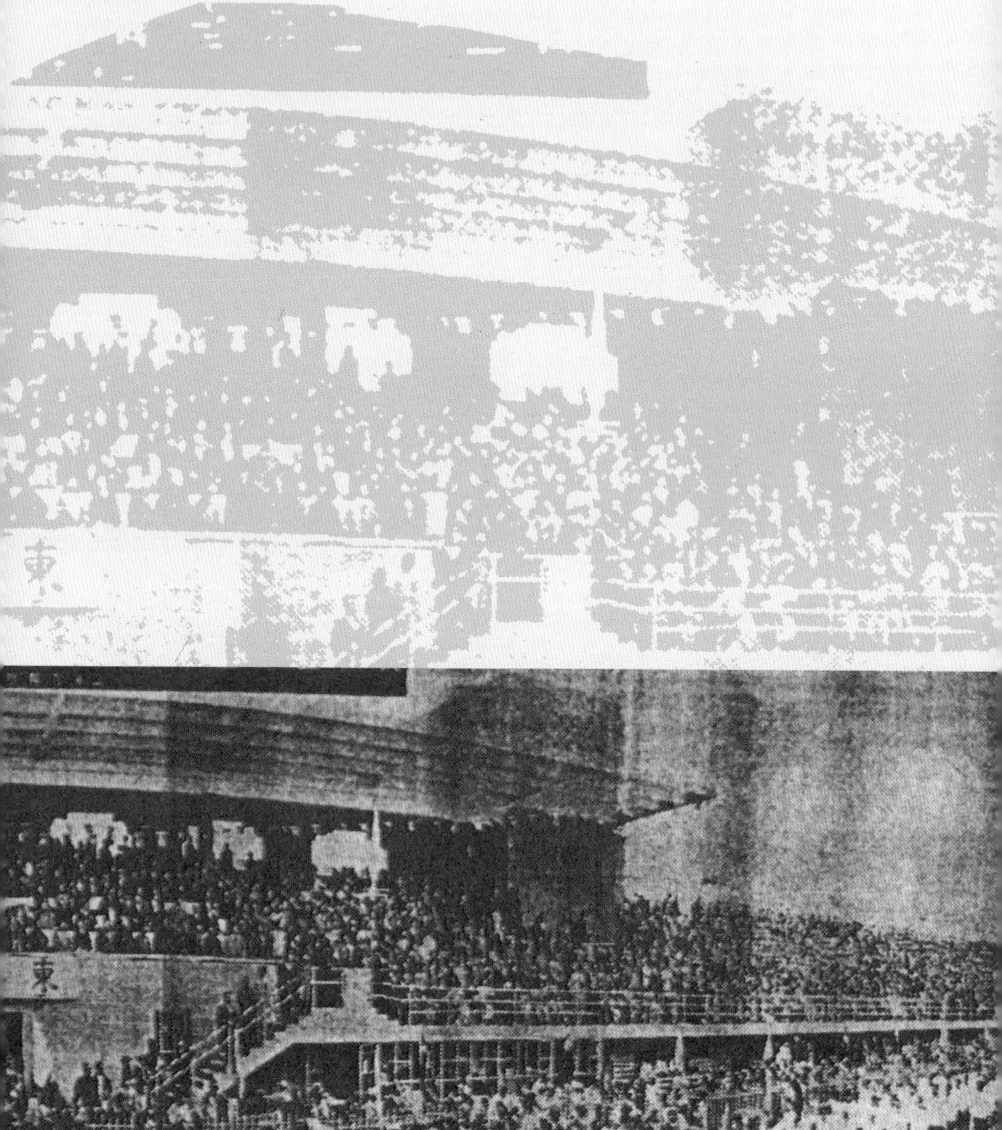

圖九十六：一九三三年第五屆全國運動會開幕典禮（二）

圖九十七：一九三三年第五屆全國運動會選手繞場遊行（一）

當時出席的選手合計有二千二百五十九名，男選手一千六百三十二人、女選手六百二十七人，是歷年來女性參加運動會人數最多的一次，並以上海、北平、河北、天津、廣東、南京的女選手占絕大多數，約計百分之九十【13】。由於女子競賽項目增加，女性參賽的人數遠超過第四屆，女子籃球就有十七隊，選手人數約計一百多人，女子排球也有十四隊【14】。

【13】另有一說，實到單位三十個，運動員共計二千二百四十八人，男選手一千五百四十二人、女選手七百零六人。成都體育學院體育史研究室編，《中國近代體育史簡編》，頁一三三。

【14】民國二十二年全國運動大會籌備委員會編，《二十二年全國運動大會總報告書》（上海：中華書局，一九三四年），頁一〇九—一一〇、一一六。

圖九十八：一九三三年第五屆全國運動會選手繞場遊行（二）

第五屆全運會還有一個特色是，女子比賽項目大幅提高，一共有七項，在原先的項目外，增加了游泳、壘球、國術等三項，這時除了沒有女子足球之外，男女運動員的競賽項目完全一致，女運動員因此有了更寬闊的表現空間。

這次全運會同樣吸引大批文字記者和攝影記者，他們對選手的每一個運動姿勢都不曾放過，留下大量的影像資料，我們選擇其中部分呈現。在擲標槍、擲鉛球、擲鐵餅以及跳高、跳遠、跳欄、賽跑和接力賽的各種珍貴寫眞中，很明顯的看到，女田徑選手的投手舉足比過去精進，和當下運動員幾乎沒有太大差別。

圖九十九：一九三三年第五屆全國運動會女子擲標槍的姿勢（一）

圖一〇〇：一九三三年第五屆全國運動會女子擲標槍的姿勢（二）

圖一〇一：一九三三年第五屆全國運動會女子擲鉛球的姿勢

圖一〇二：一九三三年第五屆全國運動會女子擲鐵餅的姿勢（一）

圖一〇三：一九三三年第五屆全國運動會女子擲鐵餅的姿勢（二）

圖一〇四：一九三三年第五屆全國運動會女子跳高的姿勢

圖一〇五：一九三三年第五屆全國運動會女子跳遠的姿勢

圖一〇六：一九三三年第五屆全國運動會女子八十公尺跳欄

圖一〇七：一九三三年第五屆全國運動會女子五十公尺決賽終點

圖一〇八：一九三三年第五屆全國運動會女子徑賽起點

圖一〇九：一九三三年第五屆全國運動會女子徑賽終點的俯瞰

圖一一〇：一九三三年第五屆全國運動會女子四百公尺接力賽中途情形

圖一一一：一九三三年第五屆全國運動會女子四百公尺接力賽替換情形

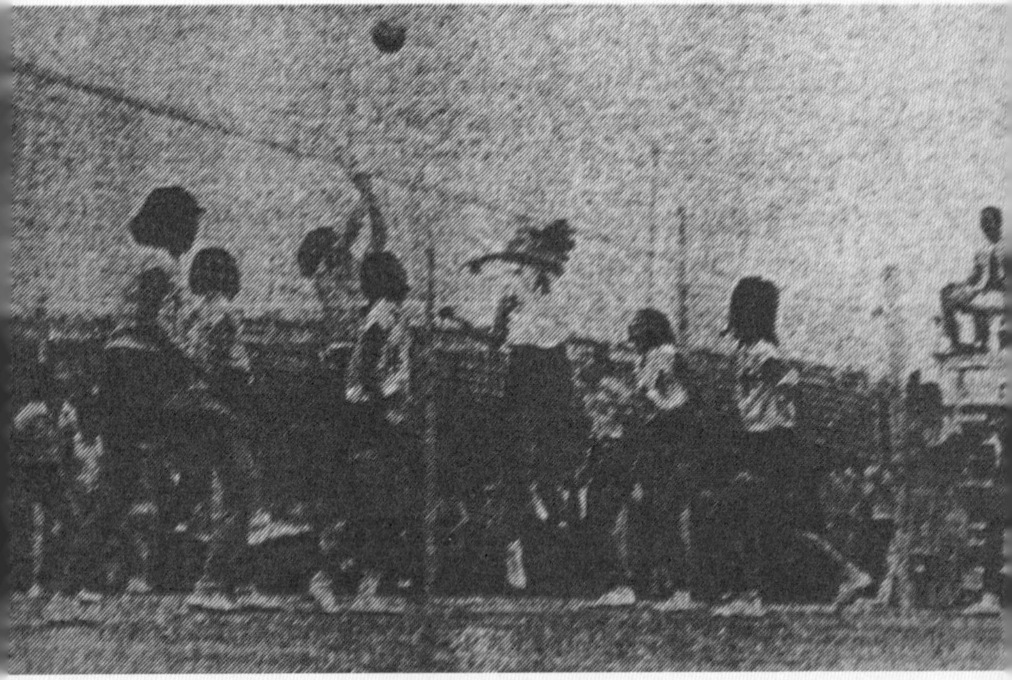

圖一一二：一九三三年第五屆全國運動會女子排球比賽情形（一）

球類運動和田徑賽最大的不同，在於球賽以發揮團隊合作為主，參與的選手不只是一個人，因此，球隊是全運會中出席人數最多的團體，也是報名參賽最踴躍的一群。在專家的眼中，早先女子球隊的程度並不理想，經過各方的不斷倡導，在這次比賽中，有了長足進步[15]。

【15】民國二十二年全國運動大會籌備委員會編，《二十二年全國運動大會總報告書》，頁一〇九—一一〇、一二二。

圖一一三：一九三三年第五屆全國運動會女子排球比賽情形（二）

圖一一四：一九三三年第五屆全國運動會女子籃球比賽情形（一）

圖一一五：一九三三年第五屆全國運動會女子籃球比賽情形（二）

圖一一六：一九三三年第五屆全國運動會女子網球健將王春菁發球的姿勢

至於這次運動會增加的女子壘球、女子游泳和女子國術比賽，也相當受各界注意。女子壘球在運動技術上，因爲尚在萌芽階段，沒有達到水準。女子國術比賽是首次舉辦，比賽的項目僅拳術和劍術兩項。

圖一一七：一九三三年第五屆全國運動會壘球比賽情形（一）

圖一一八：一九三三年第五屆全國運動會壘球比賽情形（二）

圖一一九：一九三三年第五屆全國運動會女子游泳比賽五十米的入水姿勢

圖一二〇：一九三三年第五屆全國運動會女子拳術

圖一二一：一九三三年第五屆全國運動會女子擊劍（一）

圖一二二：一九三三年第五屆全國運動會女子擊劍（二）

特別值得注意的是，上一屆全運會的錦標都落在東北、華北和華南三個地區，這屆運動會的冠軍得主卻有很大改變，六個團體錦標中，上海隊抱走田徑、籃球、排球三個錦標，其他網球錦標歸山西、游泳錦標屬香港、壘球錦標則是廣東奪得，女子國術總錦標則屬於南京所有[16]。以下就是各項競賽錦標隊的合照，每個人臉上洋溢著勝利的喜悅。

【16】民國二十二年全國運動大會籌備委員會編，《二十二年全國運動大會總報告書》，頁六十一、一三一—一三三。

圖一二三：一九三三年第五屆全國運動會四百公尺接力賽第一的上海隊

圖一二四：一九三三年第五屆全國運動會女子田徑錦標上海隊

圖一二五：一九三三年第五屆全國運動會壘球錦標廣東隊

圖一二六：一九三三年第五屆全國運動會女子排球錦標上海隊

圖一二七：一九三三年第五屆全國運動會女子籃球錦標上海隊

圖一二八：一九三三年第五屆全國運動會女子網球錦標山西隊

圖一二九：一九三三年第五屆全國運動會女子游泳錦標香港隊

女子個人總成績的績優者也全是新人，女子個人第一名是一百公尺、二百公尺賽跑和八十公尺跳欄第一的錢行素，第二名是鉛球、鐵餅第一的馬驥，第三名分別是跳遠第一的李媛芬、五十公尺賽跑第一的張潔瓊、標槍第一的陳榮明，女子國術則由高師眞和孫如蘭獲得錦標[17]。

除女子田徑錦標好手之外，備受全國矚目的女子游泳錦標，是來自香港的楊秀瓊，她在五十公尺自由式、一百公尺仰泳、一百公尺自由式、二百公尺俯脫穎而出，榮獲冠軍，也贏得「美人魚」的美名。由於女子游泳是第一次列入全運會中，不管是會前練習或正式比賽，總吸引大批觀眾圍觀。

圖一三〇：一九三三年全運會女子游泳三傑——劉桂珍、楊秀瓊（中立者）、楊秀珍

第六屆全國運動會

第六屆全運會和前屆相隔兩年，與會的人數和規模大幅增加。由於這次是在上海江灣的體育場舉行，場地勝過南京中央大運動場，據報導，開幕當天，觀禮的中、外來賓多達十萬人，熱鬧的景象，空前未有；參賽的單位則有三十八個，人數是二千六百七十人，遼寧、吉林、黑龍江、新疆、西藏、蒙古、西康等地，以及馬來西亞、菲律賓的僑胞都踴躍參加[18]。

圖一三一：一九三五年第六屆全運會開幕典禮

【17】民國二十二年全國運動大會籌備委員會編，《二十二年全國運動大會總報告書》，頁六十、一三一—一三三。

【18】〈告全運健兒及國人〉，《大晚報》，一九三五年十月十一日，頁二。

圖一三二：一九三五年第六屆全運會開幕典禮選手隊遊行時的先導者

在這次大會中，女子的比賽項目和前屆相同，讓女選手有充分表現機會，而女選手的確爭氣，十一項田徑賽中，打破全國紀錄的占了七項，領先男性，因此，女子的體育受到很大的肯定[19]。當時攝影師也拍下不少第六屆全運會的精采片段，由於許多取景和前屆相似，此處不重複這些鏡頭，呈現的是破紀錄和決賽的場面。這一屆田徑賽的團體冠軍，仍是上海隊，其中破全國紀錄的有五十公尺和二百公尺賽跑的李森、八十公尺跳欄的錢行素、跳遠鄧銀嬌、鐵餅陳榮棠、標槍原恆瑞、壘球擲遠潘瀛初，下面是她們比賽時的部分英姿。

圖一三三：一九三五年第六屆全運會開幕典禮三千餘小學生表演太極操

【19】七項中，沒有包括上海隊的四百公尺接力賽，該項接力賽雖然破紀錄，但因為跑錯跑道，最後取消資格。第六屆全國運動大會籌備委員會編，《第六屆全國運動大會報告》（上海，一九三七年），頁八十八；〈艱危中的奮發〉，《大晚報》，一九三五年十月十六日，頁二。

圖一三四：一九三五年第六屆全運會李森起跑姿勢

圖一三五：一九三五年第六屆全運會標槍第一原恆瑞

圖一三六：一九三五年第六屆全運會壘球擲遠第一、標槍鉛球第二潘瀛初

在球類比賽上，和第五屆一樣，上海仍是女子籃球和排球得主，山西是女子網球冠軍；但女子壘球的冠軍則換成是山東。從每種球賽的決選中，看得出雙方女將競爭的相當激烈。

圖一三七：一九三五年第六屆全運會女網雙打冠軍王春菁、王春葳比賽情形

圖一三八：一九三五年第六屆全運會女排上海對廣東決賽

圖一三九：一九三五年第六屆全運會山東對河北女子壘球決賽

圖一四〇：一九三五年第六屆全運會游泳池全貌

圖一四一：一九三五年第六屆全運會女子五十公尺自由式游泳

女子游泳的錦標得主，還是廣東隊，而楊秀瓊雖然在一百公尺的自由式，屈居第二，其他成績仍令人激賞。但楊秀瓊在這次大會中，曾穿了一件比基尼泳裝，引起眾說紛紜，由於這時期不管是男性或女性游泳選手，都穿連身的深色游泳衣，無怪乎許多人在楊秀瓊的泳衣上，大做文章。

圖一四二：一九三五年第六屆全運會女子一百公尺自由式頒獎
（圖中正在領獎者是楊秀瓊）

圖一四三：一九三五年第六屆
全運會游泳冠軍楊秀瓊

至於女子國術的項目比上屆增多不少，共有七項，除了摔角、測力不分級之外，其他項目和男子相同【20】。其中寇鳳蘭的射箭、孟健麗的摔角，深受矚目。

圖一四四：一九三五年第六屆全運會女子射遠第一寇鳳蘭

圖一四五：一九三五年第六屆全運會上海與湖南女子摔角

圖一四六：一九三五年第六屆全運會女子摔角冠軍孟健麗

【20】第六屆全國運動大會籌備委員會編，《第六屆全國運動大會報告》（上海，一九三七年），頁八十七、九十五、一〇六、一〇八、一〇九、一一〇、一二一。

國際運動會

遠東運動會（Far East Games）和奧林匹克運動會（Olympic Games）

傑出的女運動員除了參加國內運動會之外，也被網羅出席國際運動會。儘管出席的女運動員僅是少數，競賽成績也不甚理想，但卻是國內女性邁向國際體壇的嚆矢。

遠東運動會

遠東運動會是二十世紀亞洲的重要運動會，它的影響力僅次於奧林匹克運動會，這個運動會共舉行十屆（一九一三年到一九三四年），由中國、菲律賓和日本輪流擔任地主國，在上海舉辦的是第二屆（一九一五年）、第五屆（一九二一年）和第八屆（一九二七年），在第五屆的遠運會中，中國女學生以團體操表演，首次在國際運

圖一四七：一九二三年第六屆遠東運動會中女子隊球比賽（背對鏡頭的選手是中華隊）

動會中露面。

一九二三年，大會爲倡導女子體育，加入女子排球和女子網球的表演賽，這以後的遠運會，都有中、日、菲三國女運動員的身影，只不過她們出席的是表演項目。這三張照片是一九二三年中國女選手第一次遠赴東瀛，參加遠運的留影。

圖一四八：參加一九二三年第六屆遠東運動會的中國女選手

圖一五〇：一九三〇年第九屆遠東運動會中國選手抵東京車站的情形

圖一四九：一九二三年第六屆遠東運動會中日女子網球選手在遠東運動會握手（左側是中國選手）

在這十屆遠運會中，一九三〇年的遠運，正巧在第四屆全運會之後舉辦，全運會成爲預選會，因此，中國選派一百五十名選手遠征。下面這六張珍貴照片，不僅呈現中國女排選手賽前的練習之外，還看到中國選手抵達東京車站和進入會場的情景，更難得的是，中國女選手和菲律賓選手會前跳國際舞以及駐日華僑熱情助威的場面，都映入我們的眼簾。

圖一五一：一九三〇年第九屆遠東運動會中菲女選手在女青年館跳舞

圖一五二：一九三〇年第九屆遠東運動會中國女排選手在外苑運動場練習

圖一五三：一九三〇年第九屆遠東運動會開幕時中國選手入場情形

圖一五四：一九三〇年第九屆遠東運動會華僑組織啦啦隊熱情助威

至於中國女選手在各屆較有成果的是，在第七屆的女排表演中，以二比零擊敗日本隊；第九屆的女網賽中，榮獲冠軍；最讓國人驕傲的莫過是，楊秀瓊在第十屆女子游泳賽中的傑出表現，她個人獨攬了各項泳賽表演的冠軍[21]。

【21】王振亞，《舊中國體育見聞》，（北京：人民體育出版社，一九八七），頁一八六—二二二。

圖一五五：一九三〇年第九屆遠東運動會中國代表全體合影

圖一五六：一九三〇年第九屆遠東運動會的女子游泳選手
（左起陳煥瓊、楊秀瓊、劉桂珍、梁詠嫻）

奧林匹克運動會

奧林匹克運動會是世界體壇的一大盛事，中國首次出席奧林匹克運動會，是在荷蘭阿姆斯特丹（Amsterdam）舉行的第九屆奧運（一九二八年），這次只派代表參加開幕典禮；第十屆奧運（一九三二年）才正式派選手參賽，但也僅劉長春一人。到了一九三六年的第十一屆奧林匹克運動會時，中國終於有信心選派運動團參賽，共有七十七名運動員連袂前往德國柏林（Berlin），他們參與的競賽項目，有田徑、競走、游泳、足球、籃球、自行車、拳擊，還有國術和舉重等兩項表演項目，在選手群中，引人注目的是，有五名女性選手，包括田徑選手李森、游泳選手楊秀瓊、國術表演選手翟漣源、傅淑雲、劉玉華[22]。以下是出席第十一屆奧林匹克運動會時，代表團和女選手的照片。

圖一五七：一九三〇年第九屆遠東運動會網球選手
（左起林寶華、譚敬、王春菁、王春葳、許承基）

【22】王振亞，《舊中國體育見聞》，頁二二四—二二五。

圖一五八：一九三六年的第十一屆奧林匹克運動會中國奧運代表團抵達柏林市（前行者為國術團）

圖一五九：一九三六年的第十一屆奧林匹克運動會中國奧運代表團抵達柏林市（圖中為考察團團員）

然而，在這次奧運會中，中國選手的成績都掛零，包括在遠運會和全運會中，有不凡表現的楊秀瓊，都令國人大失所望。儘管如此，楊秀瓊的亮麗外表卻讓外國人著迷，她的照片被刊登在德國《慕尼黑雜誌》（*Münchner Jllufrierte Preffe*）和法國《世界映鏡》（*Le du Miroir Monde*）畫報上，《世界映鏡》的封面還特別題著：「奧運美人中國女游泳家楊秀瓊」[23]。

圖一六〇：一九三六年的第十一屆奧林匹克運動會德國市長招待中國女選手

【23】《時報》（一九三六年九月八日），版五。

圖一六一：一九三六年的第十一屆奧林匹克運動會女選手霍連沅、李森等正在閱比賽成績表

圖一六三：一九三六年德國慕尼黑雜誌以楊秀瓊為封面，其旁為上屆及本屆高跳水冠軍美國選手普林頓希爾（Dorothy Poynton-Hill）

圖一六二：一九三六年楊秀瓊女士登上法國巴黎《世界映鏡》畫報封面

當奧運會的選手團鎩羽而歸時，不僅輿論大肆批評，連漫畫家也軋上一腳。業餘漫畫家黃任之的〈中國世運選手爭光歸國圖〉，以既幽默又調侃的方式，對迎接場面開了個玩笑。在這幅畫的上方，是一艘巨大的遠洋客船，碼頭上是熙來攘往的歡迎人群，有趣的是，站在船頭上的運動員高舉著一個巨型鴨蛋，正走下船的運動員則舉了一個大桃，蛋和桃上都畫了奧運五環圖，表示運動員捧回的，不是勝利的獎杯，而是零分[24]。

圖一六四：〈中國世運選手爭光歸國圖〉

【24】畢克官，《中國漫畫史話》（天津：百花文藝出版社，二〇〇五年），頁二四五。

球類運動比賽

田徑和游泳這類運動項目，必須在有完備的運動設施和寬闊的運動場所下舉行，因此，只有大型運動會才有能力籌備這類運動；相對的，球類運動因爲比較沒有場地或設備的問題，隨時都有球類比賽，一九三〇年代是球類運動的最盛期，翻開當時報紙的體育版，滿佈著各種男女球類比賽的賽程和比賽情形。

籃球運動始自清末，女子籃球運動則到一九一六年，才由上海的基督教女青年會發起，當年，上海女子蠶業學校和愛國女校在江蘇省校際聯合運動會中，曾表演網球和籃球的投擲，這是最早的女子球類公開表演賽[25]。女籃的比賽活動從校園開始，有興趣打籃球的女學生經常相約組隊練球，並舉辦班際球賽，因此，組織球隊成爲校園的時尚活動。這以後，校外比賽也在大都市流行開來，就上海爲例，一九二九年「上海中華女子籃球會」的成立，將女籃賽帶入高潮，不僅參賽球隊踴躍，競爭更爲激烈，籃壇霸主因此不斷易主，保持后座最久的是兩江女子體專。

圖一六五：一九三一年天津女師與上海兩江籃球比賽

由於該校在遠東運動會和全國運動會都有傑出成績，頂著明星球隊的光環，經常受邀出席機關、學校的友誼賽，也在全國各地巡迴比賽。以下兩張照片來自北征的留影。

圖一六六：一九三五年兩江女體專籃球隊遠征京滬沿線

【25】張世鎏，〈參觀江蘇省立各學校第二次聯合運動會〉，《教育雜誌》卷七期十二，頁九十二；心宏，〈江蘇省立各校第三屆聯合運動會〉，《教育雜誌》卷八期十二（一九一六年十二月），頁六十五。

圖一六七：一九三五年上海兩江女體專籃球隊南征回上海

一九三一年兩江女子體專更訪問日本和韓國，成爲國內第一個出訪的女子籃球隊。除此之外，兩江女子體專、東南女子體專和東亞體專的女籃隊，也先後受馬來西亞和新加坡華僑的邀請，前往表演[26]。這張是兩江女子體專到南洋比賽歸國的情景的寫眞照。

女子排球運動也是從學校發跡，再逐漸發展到校外比賽，遠運會和全運會增加女子排球賽之後，各地區分別組隊參加，例如，一九二三年上海裨文和民立兩女校曾以華東區代表爲名，與華南隊一道參加遠運會的女子排球表演賽[27]。雖然女子排球沒有像女子籃球一樣，出國表演，但受女學生喜愛的程度不在女籃之下。

【26】十五場比賽自四月十三日至五月五日，而入會會員計有東南體專的強東、強南隊以及崇德女校、暨南大學，南洋英專和大夏大學等四校校隊。〈蘇州女體育會籃球賽開幕〉，《申報》，頁十一；〈女子籃球會定期舉行〉《申報》（一九二九年四月十日），頁十一。

【27】〈女子隊球表演〉，《申報》（一九二六年六月十一日），頁十一。

圖一六八：一九三一年海星、務本女排球隊交戰情形

網球運動在場地或器材上，費用較高，發展的範圍有限，只有少數學校或富裕家庭才打網球，一般人把它當成是「貴族化」的遊戲[28]。不過，在重要的運動會中，都有女子網球的選手參賽，一九二三年的遠運會，讓中國女子網球隊首次出現在國際性的網球比賽中[29]。而女子網球的選手雖然不多，但口碑甚佳。

至於女子壘球在民國初年傳入中國，只有少數教會學校有這項運動。第二屆遠東運動會上，菲律賓女子球隊曾做了壘球運動表演；以後，愛國女校和上海女青年會開始有女性參加這項運動，但沒有廣泛推動，到第五和第六屆全運會正式把女子壘球列爲全國比賽項目[30]。和籃球、排球和網球相較，女子壘球在球類運動發展巔峰，並沒有特別表現。

總之，從前述圖像更進一步展現，經過體能訓練的中國女性，能將自己的身體做極度的發揮，而在大型運動會或國際運動會叱吒風雲的女選手，她們和當前女運動員似乎沒有兩樣，都勇於向觀眾展現自己的運動技術，並努力挑戰或打破過去的運動紀錄。值得一提的是，在一九三〇年代的中國，各行業中出現不少傑出女性，女性運動員也是其中之一，部分女運動員的成就不但凌駕在女性之上，還超越男運動員。

【28】王振亞，《舊中國體育見聞》，頁一〇四。
【29】國家體委體育文史委員會、中國體育史學會編，《中國近代體育史》，（北京：北京體育學院出版社，一九八九），頁四四二。
【30】王振亞，《舊中國體育見聞》，頁一〇九。

4

第四章　女運動明星的眾生相

當時運動選手來自各個學校，參與運動會的女學生，因此具有另一種身分，也就是「女運動員」或「女球員」。「女運動員」、「女球員」這個名詞不脛而走之後，她們成爲社會的新群體，其中，在地區或全國運動會中，運動成績打破紀錄或個人總成績榮獲第一的女運動員，更是這個新群體中的菁英，深受眾人景仰。就連影片公司也以女運動員爲題材，拍攝電影，一九三四年，一部由聯華影業公司出品、孫瑜導演、黎莉莉和張翼主演的〈體育皇后〉在上海上映後，女主角黎莉莉一炮而紅，她個人也經常以運動員的姿態，出現在學校運動會或全國運動會中。事實上，這部片子是對沉醉在錦標頭銜的女運動員，提出警告[1]。

儘管如此，運動明星、體育皇后這些頭銜，並沒有因爲這部片子而消失，一九三五年，上海體育書報社與中國華美煙公司以提倡女子體育及健美體格爲理由，發起選舉「中國運動皇后」的活動，並在上海體育書報社出版的《女運動員》，刊登啓事，上面說明候選資格需要有三項條件：體格健美、成績優良、運動精神高尚，並指出凡在一九三〇年杭州全國運動會以來的著名女運動員都有被選資格；這則啓事還表示，選舉結果，將在六月一日在上海各日報體育欄發表[2]。然而，翻遍六月一日前後的各報紙，卻不曾找到任何與這項選舉有關的訊息，因此，「中國運動皇后」的選舉活動，到底有沒有舉行，頗令人好奇。

不過，爲滿足社會大眾對女運動員的好奇，在《女運動員》之後，上海勤奮書局也發行《全國女運動員名將錄》，這兩本冊子主要介紹歷年來明星女運動員的運動成績以及離場後的活動，並附有女運動員不同樣貌的照片。對文化出版業來說，這個社會新群體帶給它們賺錢的機會，否則出版社不會耗資發行，也不可能在報紙上大做宣傳。但從另一角度看，這時代的明星女運動員大多曇花一現，我們能知道的，只是她們在體壇上叱吒風雲的那一刻，她們的過去與未來，很少被報導，在各種版本的近代中國人名錄上，她們也被遺忘，因此，這兩本冊子，至少讓我們對部分明星運動員在一九三六年以前的生活，有所認識。全國運動會的成績是產生明星女運動員的指標，以下將根據《女運動員》、《全國女運動員名將錄》、報刊和網站的圖文資料，呈現這群曾在全運會中榮獲個人錦標或刷新運動紀錄女運動明星的故事。

【1】電影中的主角林瓔，出身在鄉間的富裕家庭，長大後，被送到城裡體育學校讀書，不久被老師發現，她短跑成績突出，於是林瓔成了體育場上的高手。在一次全國性比賽中，她連續創造了五十米、一百米、二百米賽跑的新紀錄，於是各大報紙不斷地吹捧她，又有號稱「運動家」的人主動追求她，她經常參加各種應酬。面對這突如其來的生活，她有些飄飄然，又有些驕傲自滿，成績也開始下降。在教練的幫助下，她才醒悟，又取得了新的成績；但在一場全國運動會中，她親眼看到她的同學為了和她爭取后座，帶病參加比賽而最終死去的一幕時，她受到很大的震撼，當場退出比賽，放棄「體育皇后」的寶座。

【2】裴順元、沈鎮潮編，《女運動員》，(上海：上海體育書報社，一九三五)。

第四屆全國運動會的明星女運動選手

第四屆全運會中，女子個人分數出眾的有孫桂雲、劉有慶、何振坤、陳佩桃、馮發蘭、吳梅仙。其中，孫桂雲的成績更是一鳴驚人，成爲中國田徑界最早受重視的明星女選手。

孫桂雲，山東膠縣人，從小在哈爾濱長大，在這屆全運會中，榮膺個人總分第一，並曾出席第九屆遠東運動會和第十五屆華北運動會。她的最高紀錄是五十公尺七秒三、一百公尺十三秒八及二百公尺二十九秒二，這個全國紀錄到第五屆全運會，被錢行素打破。九一八事變之後。孫桂雲到北平女子文理學院就學，放棄田徑、改練籃球，並在第五屆全運會中，擔任北平隊中鋒，到複賽時被淘汰。之後，轉入上海大夏大學和滬江大學，然後結婚，這期間，就不再看到她的運動風采[3]。

圖一六九：參加一九三三年第五屆全運時的孫桂雲

第五屆全國運動會的明星女運動選手

在第五屆全運會中，抱走錦標的女運動員比前屆倍增，女子田徑選手的錢行素、馬驥、李媛芬、張潔瓊、陳榮明，女子游泳健將楊秀瓊，都是這屆的閃亮明星。

錢行素，江蘇嘉定人，進入上海東亞體專後，才開始接受運動訓練，一九三一年，代表該校參加上海市第一屆中等學校聯合運動會，這是她首次參加正式比賽，因爲練習時間過短，沒有特別表現；但在同年的上海萬國運動會中，以二百米跳遠冠軍，讓眾人刮目相看。到第五屆全運會前，她在兩屆上海市運動會中，都有破紀錄的表現；第五屆全運會時，更是大展身手，百公尺成績十三秒四，二百公尺成績二十七秒七，八十公尺低欄成績十四秒五，均創全國紀錄，獲得個人總分第一，成績遠超過孫桂雲。國民政府考試院特別頒給她「全國新紀錄」獎旗。一九三四年，應華僑陳嘉庚邀請，前往南洋巡迴表演，受到華僑的歡迎。一九三五年的第六屆全運會，錢行素雖然沒有得到滿貫，但在低欄上，以十四秒四，刷新個人的全國紀錄。

錢行素不獨擅長田徑賽，球類、舞蹈、國術、游泳、音樂等方面，也相當優秀。畢業後，任教於上海智仁勇女中、務本女中、明德女子，也曾在大同大學、暨南大學、東亞體專當體育教師。中共取得政權後，她在復旦大學任教體育，並任上海高等學校業餘田徑隊教練。文化大革命期間錢行素遭受迫害，直到一九七八年十二月獲得平反[4]。

圖一七〇：一九三三年錢行素得全運女子總分第一

【3】她的最高紀錄還有一說，五十米七秒四，百米十三秒八，二百米二八秒二，裴順元、沈鎮潮編，《女運動員》，未編頁碼；勤奮書局編譯所編，《女運動員名將錄》，(上海：勤奮書局，一九三六)，頁八。

【4】裴順元、沈鎮潮編，《女運動員》；勤奮書局編譯所編，《女運動員名將錄》，頁四—五。百度百科網站 http://baike.baidu.com/、上海地方誌網站 http://www.shtong.gov.cn/node2/index.html

馬驥，遼寧鳳城縣人，原名馬子駿，東北淪陷後，更名驥，南下上海，就讀東南女體專。馬驥身高力大，被稱爲女鐵牛。一九三〇年起，先後在東北四省運動會和華北運動會嶄露頭角，並分別在擲鉛球、擲籃球等項目獲得冠軍和破全國紀錄，第五屆全運會更贏得女子鉛球鐵餅雙料冠軍。一九三四年擔任安徽省立潁州女中體育主任，兼音樂教員，以及中國女童軍五九團團長【5】。

當時許多報刊爲了促銷，經常刊登名媛贈送的簽名照，女運動明星也是各報刊爭取的對象。以下便是馬驥送給《玲瓏》雜誌的簽名照。

圖一七一：一九三四年馬驥在《玲瓏》雜誌的簽名照

李媛芬，廣東人，在第五屆全國運動會中，以四米七九五得跳遠第一，打破全國紀錄。回廣東後，又創五米零四二新紀錄，並和廣東長跑名將趙輝訂婚[6]。

圖一七二：創全國跳遠女子紀錄的李媛芬

【5】在一九三二年華北運動會，馬驥以九米三五破全國女子八磅鉛球紀錄，裴順元、沈鎮潮編，《女運動員》；勤奮書局編譯所編，《女運動員名將錄》，頁九。

【6】勤奮書局編譯所編，《全國女運動員名將錄》，頁二十八。

張潔瓊，廣州人，身體短小精悍，賽跑時，健步如飛，在第五屆全國運動會，榮膺五十公尺賽跑冠軍，成績六秒九，打破全國紀錄。之後，張潔瓊在廣州市運動會中，也是風頭人物【7】

圖一七三：一九三四年廣州市第一次全運會女子徑賽成績最優良的張潔瓊

陳榮明，四川廣安人，是兩江女子體專的學生。陳榮明擅長田徑、籃球和標槍，特別精於標槍，以二六米三六創全國最高紀錄，在第五屆全運會中，拔得頭籌。此外，上海奪得第五屆全運女籃球錦標，陳爲主力軍。曾率兩江籃球隊南征菲島，聲名遠播[8]。《女運動員》這本畫冊稱陳榮明「全無女子氣」，而她私下也曾女扮男裝，以下是陳榮明的男裝打扮。

圖一七四：刊登在《女運動員》上的陳榮明

【7】勤奮書局編譯所編，《女運動員名將錄》，（上海：勤奮書局，一九三六），頁十六。
【8】裴順元、沈鎮潮編，《女運動員》，頁六〇八；勤奮書局編譯所編，《女運動員名將錄》，頁十八。

圖一七五：一九三六年代表我國出席世運游泳比賽之楊秀瓊

楊秀瓊，原籍廣東東莞，全家居住香港。由於她的父親楊杜南，是南華體育會的游泳指導，楊秀瓊於十二歲時，跟著父親學習游泳，十四歲就讀香港尊德中學時，曾獲得全港游泳比賽女子組冠軍，名聞香江游泳界。她的姐姐楊秀珍、弟弟楊昌華，也擅長游泳，連同楊秀瓊被稱爲楊家三傑。第五屆全國運動會時，楊秀瓊包辦游泳各項冠軍；在菲律賓舉行的第十屆遠東運動會上，她還是獲得全勝。一九三四年，南昌新生活運動俱樂部請她到江西表演，她所經過的地方，萬人空巷。

到第六屆全運會時，她在一百公尺仰泳、一百公尺自由式都榮獲第一，但在一百公尺自由式中，卻輸給劉桂珍，失去個人游泳總冠軍的寶座；在群英聚集的奧運會中，楊秀瓊的游泳成績也黯然失色[9]。不過，比較其他女運動員，具有「美人魚」美名的楊秀瓊，始終是媒體的最愛，也是攝影師的寵兒，此外，她的私人生活更是不斷的受到關切。一九三七年，楊秀瓊與騎師陶伯齡結婚，同年改嫁四川軍司令范紹增。後來僑居加拿大溫哥華[10]。

第六屆全國運動會的明星女運動選手

相較於第五屆全運會，田徑賽中有七項破了全國紀錄，有李森、錢行素、鄧銀嬌、陳榮棠、原恆瑞、潘瀛初。

李森，湖南人，從小在衡陽長大。一九三四年從湖南省立女師高中部畢業，原本準備投考南京中央大學，後來改入上海東南女子體專。早在第六屆全運會之前，李森其實參加過許多大型運動會，包括省運動會和第四、第五屆全運會，但都落敗，沒沒無聞，直到一九三五年上海國際運動會才大出風頭，在五十公尺和一百公尺的賽跑項目中，名列前矛，連保持全國紀錄的錢行素，都被擊敗。到了第六屆全運，她更加進步，五十公尺和二百公尺賽跑都改寫全國新紀錄。除了短跑、跳遠之外，李森還喜歡各種球類，不過，最擅長的還是跑、跳兩項【11】。

圖一七六：一九三五年三項賽跑第一的李森

【9】裴順元、沈鎮潮編，《女運動員》；勤奮書局編譯所編，《女運動員名將錄》，頁一。
【10】維基百科網站 http://zh.wikipedia.org/w/index.php
【11】勤奮書局編譯所編，《女運動員名將錄》，頁二。

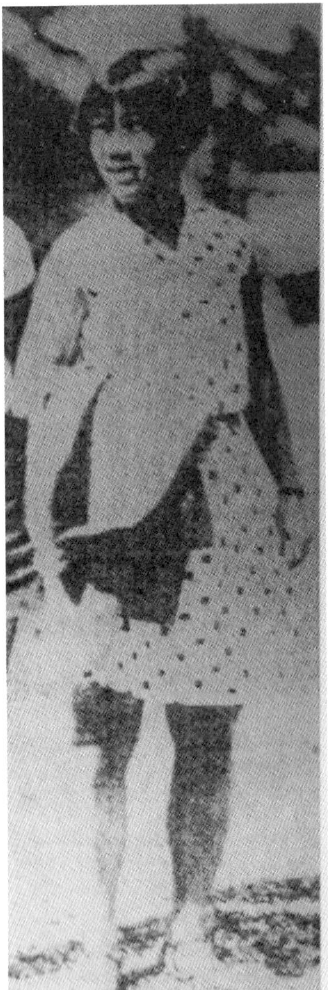

圖一七七：在馬來西亞華僑運動會中獲得女子個人冠軍的鄧銀嬌

鄧銀嬌，馬來西亞的華僑，說得一口流利的國語，長相健美可愛，因有近視，常帶眼鏡。她就讀馬來西亞福建女子中學校，在六屆全運會中，以五公尺零六的成績，創女子跳遠全國新紀錄。其實她的特長是文學，一九三六年才開始運動練習，但竟然在第三屆馬來西亞華僑運動會中，獲五十公尺、百公尺、二百公尺賽跑和跳遠四項冠軍，並以五公尺一二五打破全國跳遠紀錄。全運會時，因水土不服，身體欠佳，因此，成績不如前次，但沒有經長期訓練，能有這樣的成績，相當難得。畢業後，任教檳城澤麗學校[12]。

陳榮棠，福建永春縣人，就讀東亞體專。她是馬驥退休之後，新崛起的運動明星，在第五屆全運會中，她代表福建參賽，當時獲得女子標槍第四。到第六屆全運會時，她因為鉛球成績十米零六、鐵餅成績三十米五五，贏得這兩項冠軍。除了擲鉛球之外，她對騎自行車、游泳或騎馬，都頗有興趣[13]。

圖一七八：一九三五年女子鐵餅冠軍並破全國記錄之陳榮棠

【12】勤奮書局編譯所編，《女運動員名將錄》，頁三。
【13】勤奮書局編譯所編，《女運動員名將錄》，頁五。

原恆瑞，河南修武縣人，就讀開封北倉女中。她出席第五屆全國運動會，就有不錯的成績，獲得標槍第三、壘球擲遠第四；在第十七屆和第十八屆華北運動會，更因為擲標槍和壘球擲遠，連膺雙料冠軍。到第六屆全運會，她打破標槍紀錄並獲得冠軍[14]。

圖一七九：一九三五年女子標槍冠軍原恆瑞

潘瀛初，宜興人，家在南京，原本就讀南京女中，之後進入上海的東亞體專。在第五屆上海國際運動會中，獲得擲標槍冠軍，成績爲三十二公尺十九，保持全國紀錄。在第六屆全運會中，成績更勝一籌，得了女子壘球第一、標槍與鉛球第二，其中，壘球擲遠成績五十公尺四十五，創全國紀錄[15]。

圖一八〇：第六屆全運會中壘球擲遠冠軍潘瀛初

【14】勤奮書局編譯所編，《女運動員名將錄》，頁十。
【15】勤奮書局編譯所編，《女運動員名將錄》，頁十一。

除了在全運會創田徑賽全國紀錄的前述明星運動員之外，在第十八屆華北運動會，曾以十三秒二創一百公尺短跑全國新紀錄的焦玉蓮，也是當時頗被看好的選手。焦玉蓮是河南葉縣人，身長玉立，頗有男子之風；一九三五年從開封北倉中學畢業後，進入東亞體專女子部，接受更進一步的體育訓練。可惜的是，她在第五和第六屆全運會的低欄和賽跑項目中，雖然都得了名，卻與錦標絕緣[16]。不過，她曾經創下的全國紀錄，並沒有在第六屆全運會被打破，因此，焦玉蓮在女子體壇上具有肯定的位置。

圖一八一：第十八屆華北運動會破短跑紀錄的焦玉蓮

另外，提到連戰連捷的女運動員時，我們不能忽視王春菁、王春葳這一對姊妹花，她們在近代中國網球界，聲名大噪。王春菁、王春葳是山西太原人，父親曾留學英國，母親是英國人。由於網球技術精湛，無論在第五屆、第六屆全運會或是第九屆遠運會中，她們都所向無敵，連獲錦標[17]。

圖一八二：女網雙打冠軍王春菁、王春葳

【16】勤奮書局編譯所 編，《女運動員名將錄》，頁十。
【17】勤奮書局編譯所編，《女運動員名將錄》，頁十七。

從上述一九三〇到一九三五年產生的「體育皇后」們的故事看來，她們之所以能在女子體壇上成爲明星，除了靠個人天賦或家人栽培之外，後天的訓練更是重要，因此，她們雖然來自中國的各個地方，但有不少人到了上海，經過當地女子體專的錘鍊，才發揮了潛能。同時，各種運動競賽的召開，也提供她們展現運動長才的機會。可惜的是，明星女運動員能在體壇持續大放光芒的，並不多見，她們之中，有人因爲運動技術退步，退出體壇，有人則是爲了家庭，不再參賽。然而，在這些因素中，沒有比一九三七到一九四五年的第二次中日戰爭，更具殺傷力，當人們期待在第六屆全運會破全國紀錄的女運動選手，進一步開展運動生涯時，這場戰爭讓一切落空。等到戰後再舉辦第七屆全運會（一九四八年）時，已經物換星移、人事盡非。

5

第五章 結語

閱讀圖像原本就是「橫看成嶺側成鋒，遠近高低各不同」，身為女性史研究者，我個人的發現是，女子運動圖像不只帶給我們視覺上的享受和對近代女子體育歷史的認識；也在凝視圖像的過程中，看到近代中國女性的各種變化，提供撰寫或改寫近代中國女性的一些素材。

和傳統女性最大的不同是，傳統女性不僅很少被記載在文獻資料裡，也很不容易被看到；而近代女性，從她們開始到新式學堂讀書，就成為被記載、被報導和被觀看的對象，隨著近代出版業的蓬勃發展和西方攝影技術的傳入，她們的曝光率節節升高，不管在公領域或私領域，女性的活動都讓人們感到好奇。清末以來，媒體經常報導半舊不新或是新女性的生活動態，她們不僅是畫家描繪的體裁，也是許多刊物的封面人物。然而，在這群受媒體寵愛的女性中，運動女性的圖像遠超過其他女性，幾乎可以和戲劇、電影界女性相提並論；與同是運動的男性比較，她們被關注的程度又遠在男性之上。她們究竟有何種魅力吸引眾多的目光？

從本書提供的圖像就可以找到答案，因為女性躍動身體的圖像，帶給讀者許多驚嘆，直到當下的我們，也很難視而不見。特別是把清末到一九三〇年代的女性運動圖像貫穿起來，我們更可以明白，當時女性運動的圖像，之所

以廣爲流傳，深受讀者注意，是有它的道理。就以運動方式來說，女性開始接受體育訓練時，動作是整齊一致，但變化不多；漸漸的，身體的每一部分都活動起來，這整個變遷過程，光憑文字敘述是不夠的，唯有圖像才能眞切的展現。同樣的，隨著時代和運動項目的改變，運動女性的髮式和穿著，明顯的起了變化，這也是通過圖像，能一覽無疑。

不過，運動圖像固然讓我們開闊視野，卻也帶來許多圖像資料無法回答的問題，例如，在規訓和有特定目的產生下的女子運動，是否獲得社會大眾的普遍支持？女性本身又如何看待？從清末到一九三〇年代，女性運動員的打扮是受流行風尚影響？還是她們就是引領風騷的人？這批圖像所呈現的，都是女運動員的正面形象，在狗仔充斥的一九三〇年代，身爲公眾人物的明星女運動難道不曾有小道新聞？另外，可以進一步推敲的是，從運動圖像看到，一九三〇年代的女性十分活潑、開放，和當下的女性沒有差別，這是運動女性的特徵還是當時女性的普遍現象？還有，一九三〇年代的中國，既遭逢日本入侵東北，又面臨世界經濟大恐慌帶來的經濟蕭條，國民政府除了鼓吹民族主義之外，也在一九三四年提出改造社會道德與國民精神的新生活運動，包括衣食住行都必須改革，以合乎禮義廉

恥的精神，其中，女性穿著奇裝異服或過度暴露，都被嚴格取締；然而，國民政府對女運動員裸露手臂、大腿的穿著並沒有限制，是因爲這是運動會的既定服裝？抑或是這樣的打扮在某些地區或場合已成爲時尚，不是政府政策所能限制？那麼，從女運動員服裝這件小事，去檢視一九三〇年代國民政府的政策，是否會有新的發現？

坦白說，前面的問題必須藉助文獻資料，才能找到答案，而這也提醒我們，瀏覽圖像帶給我們一些想像空間，幫助歷史研究走向多樣化、立體化，不過，還是需要文獻資料相輔相成，否則所有的想像，終歸流於空泛、虛無。

徵引書目

中文書目

一、報紙期刊

《上海漫畫》，上海，一九三六年。
《大晚報》，上海，一九三五年。
《民呼日報圖畫》，上海，一九〇九年。
《申報》，上海，一九〇五－一九〇八年，一九二六年、一九二九－一九三〇年、一九三六年。
《良友畫報》，上海，一九二六年、一九三〇－一九三一年、一九三三年、一九三七年。
《京師教育畫報》，北京，清末（時間不確）。
《東方小說》，上海，一九二三年。
《玲瓏雜誌》，上海，一九三一年、一九三三－一九三七年。
《時事新報》，上海，一九三〇年。
《時報》，上海，一九二四年、一九三〇年、一九三四－一九三六年。
《婦女雜誌》，上海，一九一七年、一九一九年、一九二一－一九二三年、一九二六年、一九二八年。
《教育雜誌》，上海，一九〇九年、一九一一－一九一九年。
《第六屆全運會畫刊》，上海，一九三五年。

《勤奮體育月報》，上海，一九三三—一九三六年。
《圖畫日報》，上海，一九〇九—一九一〇年。

二、學校刊物

《上海縣立務本女子中學校第二屆畢業紀念錄》，上海，一九二〇年。
《竹蔭女學校雜誌》，蘇州，一九一三年。
《聖馬利亞女校五十週紀念特刊》，上海，一九三一年。
《福湘二十週年紀念特刊》，長沙，一九三三年。

三、報告書

民國二十二年全國運動大會籌備委員會編，《二十二年全國運動大會總報告書》，上海：中華書局，一九三四年。
第六屆全國運動大會籌備委員會編，《第六屆全國運動大會報告》，上海：一九三七年。

四、專書

王振亞，《舊中國體育見聞》。北京：人民體育出版社，一九八七年。
成都體育學院體育史研究室編，《中國近代體育史簡編》。北京：人民體育出版社，一九八一年。
吳文忠，《中國近百年體育史》。臺北：臺灣商務印書館，一九六七年。

國家體委體育文史委員會、中國體育史學會編，《中國近代體育史》。北京：北京體育學院出版社，一九八九年。
崔東泉，《中國近代體育史話》。北京：中華書局，一九九八年。
張玉法、李又寧主編，《近代中國女權運動史料》。台北：傳記文學社，一九七五年。
畢克官，《中國漫畫史話》。天津：百花文藝出版社，二〇〇五年。
勤奮書局編譯所編，《女運動員名將錄》。上海：勤奮書局，一九三六年。
裴順元、沈鎮潮編，《女運動員》。上海：上海體育書報社，一九三五年。
蘇競存編，《中國近代學校體育史》。北京：人民教育出版社，一九九四年。
劉秉果，《中國古代體育史話》。北京：文物出版社，一九八七年。

五、論文

游鑑明，〈近代中國女子體育觀初探〉，《新史學》，卷七期四（一九九六年十二月），頁一一九－一五八。
——，〈近代華東地區的女球員：以報刊雜誌為主的討論〉，《中央研究院近代史研究所集刊》，期三十二（一九九九年十二月），頁五十七－一二二。
——，〈日治時期臺灣學校女子體育的發展〉，《中央研究院近代史研究所集刊》，期三十三（二〇〇〇年六月），頁一－七十五。
——，〈近代中國女子健美的論述（一九二〇年代－一九四〇年代）〉，游鑑明主編，《無聲之聲（II）：近代中國的婦女與社會（1600–1950）》，臺北：中央研究院近代史研究所，二〇〇三年，頁一四一—一七二。

嚴復，〈原強〉，收入嚴復，《嚴幾道詩文鈔》（臺北：世界書局，一九七一），卷一，頁五十五。

六、網站資料

上海地方誌網站：http://www.shtong.gov.cn/node2/index.html

百度百科網站：http://baike.baidu.com/

維基百科網站：http://zh.wikipedia.org/w/index.php

西文書目

Yu Chien-ming, "Female Physical Education and the Media in Modern China", Mechthild Leutner and Nicola Spakowski eds., *Women in China. The Republican Period in Historical Perspective*, Berlin: LIT Verlag Münster Press, 2005, pp.482-506.

圖片來源

一：《教育雜誌》第四年期十二（一九一二年十二月），內頁。
二：《教育雜誌》第五年期五（一九一三年五月），內頁。
三：《婦女雜誌》卷八期五（一九二二年五月），內頁。
四：《竹蔭女學校雜誌》（一九一三年），未標頁碼。
五：《婦女雜誌》卷三期一（一九一七年一月），內頁。
六：《聖馬利亞女校五十週紀念特刊》（一九三一年），未標頁碼。
七：《教育雜誌》第一年期七（一九〇九年七月），內頁。
八：《教育雜誌》第三年期十（一九一一年十月），內頁。
九：《竹蔭女學校雜誌》（一九一三年），未標頁碼。
十：《教育雜誌》第七年期三（一九一五年三月），內頁。
十一：《教育雜誌》第七年期八（一九一五年八月），內頁。
十二：《婦女雜誌》卷三期一（一九一七年一月），內頁。
十三：《教育雜誌》第十一年期七（一九一九年七月），內頁。
十四：《婦女雜誌》卷八期五（一九二二年五月），內頁。
十五：《婦女雜誌》卷八期五（一九二二年五月），內頁。

十六：《教育雜誌》第三年期十（一九一一年十月），內頁。
十七：《教育雜誌》第四年期九（一九一二年九月），內頁。
十八：《教育雜誌》第三年期十二（一九一一年十二月），內頁。
十九：《教育雜誌》第三年期十二（一九一一年十二月），內頁。
二十：《教育雜誌》第六年期十二（一九一四年十二月），內頁。
二十一：《教育雜誌》第八年期五（一九一六年五月），內頁。
二十二：《教育雜誌》第十年期七（一九一八年七月），內頁。
二十三：《上海縣立務本女子中學校第二屆畢業紀念錄》（一九二〇年），未標頁碼。
二十四：《上海縣立務本女子中學校第二屆畢業紀念錄》（一九二〇年），未標頁碼。
二十五：《教育雜誌》第十一年期一（一九一九年十一月），內頁。
二十六：《京師教育畫報》，期一六八，頁五。
二十七：《民呼日報圖畫》，未標頁碼。
二十八：《教育雜誌》第九年期九（一九一七年九月），內頁。
二十九：《教育雜誌》第一年期四（一九〇九年四月），內頁。
三　十：《教育雜誌》第七年期四（一九一五年四月），內頁。
三十一：《教育雜誌》第八年期十（一九一六年十月），內頁。
三十二：《教育雜誌》第八年期二（一九一六年二月），內頁。

三十三：《玲瓏雜誌》號二五（一九三一年九月），頁九二六。
三十四：《玲瓏雜誌》號九十九（一九三三年六月），頁八九九。
三十五：《福湘二十週年紀念特刊》（一九三三年），未標頁碼。
三十六：《玲瓏雜誌》號一六七（一九三五年一月），頁三十三。
三十七：《玲瓏雜誌》號一六七（一九三五年一月），頁三十三。
三十八：《良友畫報》期一二八（一九三七年五月），頁十七。
三十九：《良友畫報》期一二九（一九三七年六月）頁五十。
四　十：《良友畫報》期一二九（一九三七年六月）頁五十。
四十一：《圖畫日報》號一〇五，頁十。
四十二：《圖畫日報》號一六八，頁十二。
四十三：《婦女雜誌》卷七期九（一九二一年十月），內頁。
四十四：《良友畫報》期四十九（一九三〇年八月），頁三十二。
四十五：《良友畫報》期四十九（一九三〇年八月），頁三十二。
四十六：《良友畫報》期四十九（一九三〇年八月），頁三十三。
四十七：《良友畫報》期四十九（一九三〇年八月），頁三十三。
四十八：《良友畫報》期四十九（一九三〇年八月），頁三十二。
四十九：《玲瓏雜誌》號九十四（一九三三年五月），頁六〇二。

五　十：《玲瓏雜誌》號九十四（一九三三年六月），頁六〇四。

五十一：《玲瓏雜誌》號一五二（一九三四年九月），頁一七四七。

五十二：《勤奮體育月報》卷二期三（一九三四年十二月），封面。

五十三：《教育雜誌》第七年期十二（一九一五年十二月），內頁。

五十四：《教育雜誌》第七年期十二（一九一五年十二月），內頁。

五十五：《婦女雜誌》卷五期十一（一九一九年十一月），內頁。

五十六：《婦女雜誌》卷七期七（一九二一年七月），內頁。

五十七：《婦女雜誌》卷七期七（一九二一年七月），內頁。

五十八：《婦女雜誌》卷十四期二（一九二八年二月），內頁。

五十九：《玲瓏雜誌》號一二八（一九三四年十一月），頁二三八二。

六　十：《東方小說》卷一期二（一九二三年十一月），未標頁碼。

六十一：《東方小說》卷一期二（一九二三年十一月），未標頁碼。

六十二：《東方小說》卷一期二（一九二三年十一月），未標頁碼。

六十三：《玲瓏雜誌》號九十四（一九三三年五月），頁五七四。

六十四：《婦女雜誌》卷十四期二（一九二八年二月），內頁。

六十五：《婦女雜誌》卷十四期二（一九二八年二月），內頁。

六十六：《玲瓏雜誌》號一二八（一九三四年十一月），頁二三八二。

六十七：《良友畫報》期六十（一九三一年八月），頁九。
六十八：《良友畫報》期七十九（一九三三年八月），未標頁碼。
六十九：《良友畫報》期七十九（一九三三年八月），未標頁碼。
七 十：《勤奮體育月報》卷二期二（一九三四年十月），未標頁碼。
七十一：《玲瓏雜誌》號一五五（一九三四年十月），頁二一二四。
七十二：《玲瓏雜誌》號一五五（一九三四年十月），頁二一二四。
七十三：《婦女雜誌》卷十二期十（一九二六年十月），內頁。
七十四：《婦女雜誌》卷十二期十（一九二六年十月），內頁。
七十五：《婦女雜誌》卷十二期十（一九二六年十月），內頁。
七十六：《婦女雜誌》卷十二期十（一九二六年十月），內頁。
七十七：《良友畫報》期六（一九二六年七月），頁六。
七十八：《勤奮體育月報》卷四期二（一九三六年十一月），未標頁碼。
七十九：《時報》（一九三〇年四月二日），時報全國運動會特刊，頁一。
八 十：《時報》（一九三〇年四月六日），時報全國運動會特刊，頁一。
八十一：《時報》（一九三〇年四月六日），時報全國運動會特刊，頁一。
八十二：《時報》（一九三〇年四月四日），時報全國運動會特刊，頁二。
八十三：《良友畫報》期四十六（一九三〇年四月），頁四。

八十四：《時報》（一九三〇年四月六日），時報全國運動會特刊，頁一。
八十五：《時報》（一九三〇年四月十二日），時報全國運動會特刊，頁一。
八十六：《時報》（一九三〇年四月十二日），時報全國運動會特刊，頁一。
八十七：《時報》（一九三〇年四月十二日），時報全國運動會特刊，頁一。
八十八：《時報》（一九三〇年四月十二日），時報全國運動會特刊，頁一。
八十九：《時報》（一九三〇年四月十二日），時報全國運動會特刊，頁一。
九　十：《時報》（一九三〇年四月五日），時報全國運動會特刊，頁二。
九十一：《時報》（一九三〇年四月三日），時報全國運動會特刊，頁二。
九十二：《時報》（一九三〇年四月五日），時報全國運動會特刊，頁二。
九十三：《時報》（一九三〇年四月五日），時報全國運動會特刊，頁二。
九十四：《時報》（一九三〇年四月五日），時報全國運動會特刊，頁二。
九十五：《二十二年全國運動大會總報告書》第二編（一九三四年），未標頁碼。
九十六：《二十二年全國運動大會總報告書》第二編（一九三四年），未標頁碼。
九十七：《二十二年全國運動大會總報告書》第二編（一九三四年），未標頁碼。
九十八：《二十二年全國運動大會總報告書》第二編（一九三四年），未標頁碼。
九十九：《二十二年全國運動大會總報告書》第二編（一九三四年），未標頁碼。
一〇〇：《二十二年全國運動大會總報告書》第二編（一九三四年），未標頁碼。

一〇一：《二十二年全國運動大會總報告書》第二編（一九三四年），未標頁碼。
一〇二：《二十二年全國運動大會總報告書》第二編（一九三四年），未標頁碼。
一〇三：《二十二年全國運動大會總報告書》第二編（一九三四年），未標頁碼。
一〇四：《二十二年全國運動大會總報告書》第二編（一九三四年），未標頁碼。
一〇五：《二十二年全國運動大會總報告書》第二編（一九三四年），未標頁碼。
一〇六：《二十二年全國運動大會總報告書》第二編（一九三四年），未標頁碼。
一〇七：《二十二年全國運動大會總報告書》第二編（一九三四年），未標頁碼。
一〇八：《二十二年全國運動大會總報告書》第二編（一九三四年），未標頁碼。
一〇九：《二十二年全國運動大會總報告書》第二編（一九三四年），未標頁碼。
一一〇：《二十二年全國運動大會總報告書》第二編（一九三四年），未標頁碼。
一一一：《二十二年全國運動大會總報告書》第二編（一九三四年），未標頁碼。
一一二：《二十二年全國運動大會總報告書》第二編（一九三四年），未標頁碼。
一一三：《二十二年全國運動大會總報告書》第二編（一九三四年），未標頁碼。
一一四：《二十二年全國運動大會總報告書》第二編（一九三四年），未標頁碼。
一一五：《二十二年全國運動大會總報告書》第二編（一九三四年），未標頁碼。
一一六：《二十二年全國運動大會總報告書》第二編（一九三四年），未標頁碼。
一一七：《二十二年全國運動大會總報告書》第二編（一九三四年），未標頁碼。

一一八：《二十二年全國運動大會總報告書》第二編（一九三四年），未標頁碼。
一一九：《玲瓏雜誌》號一一七（一九三三年十月），頁二〇五一，未標頁碼。
一二〇：《二十二年全國運動大會總報告書》第二編（一九三四年），未標頁碼。
一二一：《二十二年全國運動大會總報告書》第二編（一九三四年），未標頁碼。
一二二：《二十二年全國運動大會總報告書》第二編（一九三四年），未標頁碼。
一二三：《二十二年全國運動大會總報告書》第二編（一九三四年），未標頁碼。
一二四：《二十二年全國運動大會總報告書》第二編（一九三四年），未標頁碼。
一二五：《二十二年全國運動大會總報告書》第二編（一九三四年），未標頁碼。
一二六：《二十二年全國運動大會總報告書》第二編（一九三四年），未標頁碼。
一二七：《二十二年全國運動大會總報告書》第二編（一九三四年），未標頁碼。
一二八：《二十二年全國運動大會總報告書》第二編（一九三四年），未標頁碼。
一二九：《二十二年全國運動大會總報告書》第二編（一九三四年），未標頁碼。
一三〇：《勤奮體育月報》卷一期二（一九三三年十一月），封面。
一三一：《玲瓏雜誌》號二〇八（一九三五年十月），頁三六〇八，未標頁碼。
一三二：《玲瓏雜誌》號二〇八（一九三五年十月），頁三六〇八，未標頁碼。
一三三：《玲瓏雜誌》號二〇八（一九三五年十月），頁三六〇八，未標頁碼。
一三四：《第六屆全國運動大會報告》（一九三七年），未標頁碼。

一三五：《第六屆全國運動大會報告》（一九三七年），未標頁碼。
一三六：《第六屆全國運動大會報告》（一九三七年），未標頁碼。
一三七：《第六屆全國運動大會報告》（一九三七年），未標頁碼。
一三八：《第六屆全國運動大會報告》（一九三七年），未標頁碼。
一三九：《第六屆全國運動大會報告》（一九三七年），未標頁碼。
一四〇：《第六屆全國運動大會報告》（一九三七年），未標頁碼。
一四一：《第六屆全運會畫刊》期九（一九三五年十月），頁三。
一四二：《第六屆全國運動大會報告》（一九三七年），未標頁碼。
一四三：《第六屆全國運動大會報告》（一九三七年），未標頁碼。
一四四：《第六屆全國運動大會報告》（一九三七年），未標頁碼。
一四五：《時報》（一九三五年十月一四日），頁九。
一四六：《玲瓏雜誌》號二〇八（一九三五年十月），頁三五八七。
一四七：《婦女雜誌》卷九期七（一九二三年七月），內頁。
一四八：《婦女雜誌》卷九期八（一九二三年八月），內頁。
一四九：《婦女雜誌》卷九期八（一九二三年八月），內頁。
一五〇：《時事新報》（一九三〇年五月二十七日），頁四。
一五一：《時事新報》（一九三〇年五月二十七日），頁四。

一五二：《時事新報》（一九三〇年五月二十七日），頁四。
一五三：《時事新報》（一九三〇年五月二十九日），頁三。
一五四：《時事新報》（一九三〇年五月三十日），頁四。
一五五：《時事新報》（一九三〇年六月一日），頁三。
一五六：《時報》（一九三四年五月十七日），頁六。
一五七：《時報》（一九三四年五月二十九日），頁七。
一五八：《時報》（一九三六年八月十二日），頁五。
一五九：《時報》（一九三六年八月十二日），頁六。
一六〇：《申報》（一九三六年八月一四日），頁十五。
一六一：《時報》（一九三六年九月八日），頁五。
一六二：《時報》（一九三六年九月八日），頁五。
一六三：《時報》（一九三六年八月二十二日），頁六。
一六四：《上海漫畫》期五（一九三六年九月），未標頁碼。
一六五：《良友畫報》第五十三（一九三一年一月），頁三十二。
一六六：《勤奮體育月報》卷二期四（一九三五年一月），未標頁碼。
一六七：《勤奮體育月報》卷二期十（一九三五年七月），未標頁碼。
一六八：《玲瓏雜誌》號三十（一九三一年十月），頁一一五二。

一六九：《玲瓏雜誌》號一一八（一九三三年十一月），頁二〇五四。
一七〇：《玲瓏雜誌》號一一七（一九三三年十月），頁一九九〇。
一七一：《玲瓏雜誌》號一二八（一九三四年一月），頁一五九。
一七二：《勤奮體育月報》卷一期七（一九三四年四月），封面。
一七三：《玲瓏雜誌》號一三八（一九三四年四月），頁七九八。
一七四：《全國女運動員名將錄》（一九三六年六月），頁十一。
一七五：《玲瓏雜誌》號二四二（一九三六年六月），頁一九六〇。
一七六：《第六屆全國運動大會報告》（一九三七年），未標頁碼。
一七七：《勤奮體育月報》卷一期六（一九三四年三月），封面。
一七八：《玲瓏雜誌》號二〇八（一九三五年十月），頁三六〇七。
一七九：《玲瓏雜誌》號二〇八（一九三五年十月），頁三五七〇。
一八〇：《全國女運動員名將錄》（一九三六年六月），頁十一。
一八一：《全國女運動員名將錄》（一九三六年六月），頁十。
一八二：《第六屆全國運動大會報告》（一九三七年），未標頁碼。

躍動的女性身影
近代中國女子的運動圖像

歷史迴廊 004

（原書名：近代中國女子的運動圖像：1937年前的歷史照片和漫畫）

作者　游鑑明
發行人　楊榮川
總編輯　王翠華
企劃主編　陳姿穎
封面設計　吳雅惠
排版　吳雅惠
出版　博雅書屋有限公司
地址　106台北市和平東路二段339號4F
電話　（02）2705-5066
傳真　（02）2709-4875

劃撥帳號　01068953
戶名　五南圖書出版股份有限公司
網址　http://www.wunan.com.tw/
電子郵件　wunan@wunan.com.tw
法律顧問　元貞聯合法律事務所 張澤平律師
出版日期　2012年7月二版一刷
定價　新台幣300元

國家圖書館出版品預行編目資料

躍動的女性身影：近代中國女子的運動圖像 / 游鑑明著. --
再版. -- 臺北市：博雅書屋, 2012.07　面；　公分. -- (歷史迴廊；4)
ISBN 978-986-6098-57-4(平裝)　1.運動 2.女性 3.圖錄 4.中國
528.9　101008772